U0662142

南亚能源互联网研究与展望

全球能源互联网发展合作组织

中国电力出版社
CHINA ELECTRIC POWER PRESS

前言

亚洲经济体量大，是世界经济发展的重要引擎，绝大多数国家为发展中国家，发展潜力大。当前亚洲在发展中面临着国家间经济发展差距悬殊、能源安全保障困难、碳排放强度高、应对气候变化压力大等严峻挑战，可持续发展需求迫切。可持续发展的核心是清洁发展，关键是推进能源生产侧实施清洁替代，以太阳能、风能、水能等清洁能源替代化石能源；能源消费侧实施电能替代，以电代煤、以电代油、以电代气、以电代柴，用的是清洁电力。亚洲能源互联网为清洁能源大规模开发、输送、使用搭建平台，是构建清洁主导、电为中心、互联互通、共建共享的现代能源体系的核心，将促进亚洲经济繁荣、社会进步和生态保护的全面协调发展。

南亚是亚洲乃至全球的重要经济增长极。近年来，随着南亚经济持续快速增长，工业化和城市化进程不断加深，能源消费已呈现高度利用化石能源和高度依赖区外油气进口的"双高"态势，但民生保障水平仍较低，空气污染、气象灾害等问题已较为严重。为破解在未来发展中面临的诸多挑战，打造清洁低碳的现代能源系统，切实提高民众生活水平，实现南亚制造业升级，推动区域可持续发展与合作，亟须构建南亚能源互联网。南亚能源互联网作为亚洲能源互联网的重要组成部分，是全局性、系统性、创新性的解决方案，对亚洲能源互联网的整体发展和推动世界能源转型具有重要意义。

本报告为亚洲能源互联网研究系列成果之一。内容共分7章：第1章介绍南亚经济社会和能源电力发展现状，分析南亚实现可持续发展和能源转型具有的优势和面临的挑战，提出能源互联网发展思路；第2章在实现全球温控目标的指引下，展望南亚能源电力转型发展趋势，提出情景预测；第3章研究清洁能源资源分布和大型发电基地布局；第4章基于电力平衡分析，研究提出电网互联总体格局和互联方案；第5章评估构建南亚能源互联网所能带来的综合效益；第6章展望了实现全球1.5摄氏度温控目标的南亚能源电力清洁发展路径与情景方案；第7章提出相关政策机制。

希望本报告能为政府部门、国际组织、能源企业、金融机构、研究机构、高等院校等开展政策制定、战略研究、技术创新、项目开发、国际合作提供参考。受数据资料和研究编写时间所限，内容难免存在不足，欢迎读者批评指正。

研究范围

报告研究范围主要覆盖南亚 7 国，包括印度、孟加拉国、不丹、尼泊尔、斯里兰卡、巴基斯坦、马尔代夫 ❶。

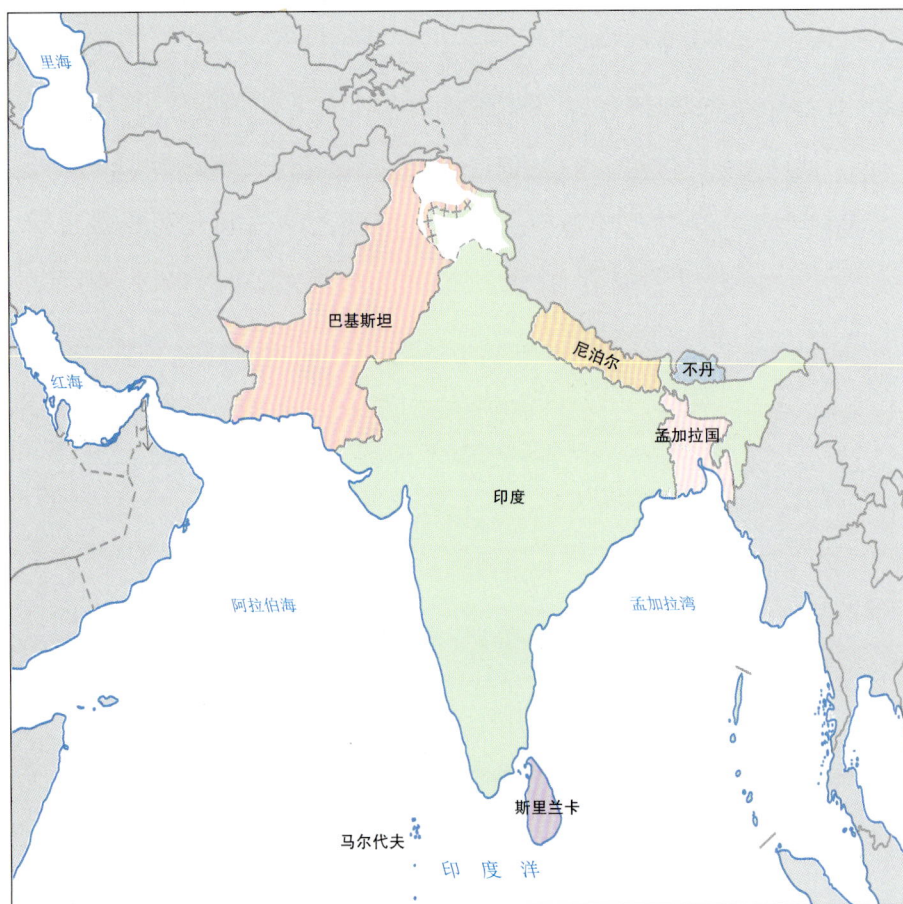

南亚研究范围示意图

---

❶ 本报告对任何领土主权、国际边界疆域划定及任何领土、城市或地区名称不持立场，后同。

摘要

南亚地处亚洲南部，面向印度洋，与孟加拉湾和阿拉伯海毗邻，是连接东亚、东南亚与西亚、北非地区的重要桥梁。南亚人口多，发展潜力巨大，是亚洲经济增长极之一。经济发展带来高速能源需求增长，也导致了高化石能源消费和高能源进口依赖的"双高"问题。为实现区域可持续发展，需要以清洁发展为主线，加速区内区外互联互通，打造"一横三纵"格局的南亚能源互联网，让南亚成为亚洲主要的清洁能源消费中心，快速提高其电力可及率，推动其产业结构全面升级，促进南亚区域社会经济低碳发展。

南亚经济发展潜力大，是未来亚洲能源电力增长点和消费中心。 2017 年南亚七国 GDP 总量约 3.3 万亿美元，分别约占全球 GDP、亚洲 GDP 总量的 4.1%、11.9%，年均增速 6.9%，是世界平均增速的 2.2 倍；2017 年南亚一次能源消费 15.5 亿吨标煤，用电量约 1.4 万亿千瓦时。南亚制造业的发展和民生保障水平的提高将带来巨大的能源电力需求，预计到 2050 年，南亚一次能源需求将达到 45 亿吨标煤，年均增速 3.3%，是 2017 年的 2.9 倍，人均能源需求稳步提升。2017—2050 年，人均能源需求从 0.9 吨标煤提升至 2.0 吨标煤，增幅 129%。南亚用电量预计在 2050 年达到 11.7 万亿千瓦时，人均用电量将超过 5000 千瓦时，2050 年人均用电量约是 2017 年的 7 倍。

高度依赖化石能源，能源转型任务重、压力大。 2017 年，南亚地区化石能源消费占一次能源消费的 70.7%。高度依赖化石能源的发展模式，导致气候环境问题突出。全球空气污染最严重的 20 个城市中，有 18 个位于南亚地区。部分国家化石能源高度依赖域外进口，能源安全风险较高。

基础设施互联互通日益兴起，区域合作初见规模。 1985 年 12 月，南亚区域合作联盟（简称南盟）成立，区域国家积极推动经济、民生、环境等领域的一体化合作。2004 年第 12 届首脑峰会签署了《南亚自由贸易协定框架条约》，标志区域的自贸区建设取得突破性进展。2014

年第 18 届南盟峰会通过《加德满都宣言》，强调通过修建和升级改造公路、铁路、水运基础设施、电网、通信和航空设施来加强区域内互联互通。

实现南亚可持续发展，关键是加快推进清洁能源资源开发利用和共享，构建南亚能源互联网。大力开发清洁能源，提升能源供应多样性，保障能源安全。加快解决无电人口，提升电能消费比例，保障经济社会发展需求。加强基础设施区内区外互联互通，推动南亚及周边国家加深合作和理解。通过能源互联网的建设，充分激活南亚经济结构升级潜力、人力资源潜力、清洁资源潜力，实现南亚各国的共赢可持续发展。

南亚能源电力发展与清洁转型并重，清洁化、电气化水平大幅度提升。南亚当前总用能水平较低，转型后发优势潜力巨大。南亚煤炭、石油、天然气需求将分别在 2030、2035、2040 年达到峰值，2050 年清洁能源占一次能源比重将达到 75%。终端用能电气化水平不断提升，电能将在 2035 年左右成为占比最高的终端能源品种，2050 年电能占终端能源比例将超过 60%。2035 年和 2050 年，南亚电源装机容量将分别达到 22 亿千瓦和 55 亿千瓦，清洁能源装机占比分别为 73% 和 86%。

统筹能源分布与建设条件，集中式与分布式并举，推进水能、太阳能、风能开发。统筹清洁能源资源禀赋、开发条件及各国能源电力发展规划，规划至 2050 年在南亚地区重点开发恒河、印度河、布拉马普特拉河水电，总装机容量接近 2 亿千瓦。在巴基斯坦南部和印度西部，以及两国交界塔尔沙漠等地区建设 13 个太阳能基地，总装机容量约 9 亿千瓦。在印度西部和南部、巴基斯坦南部、斯里兰卡北部等建设 14 个风电基地，总装机容量约 4 亿千瓦。孟加拉国、印度、巴基斯坦等国人口稠密地区以分布式开发为主。

南亚电力流总体呈现"东电西送、北电南送"的格局。区域内部，南亚电力流总体呈现"东电西送，北电南送"的格局。印度北部、印度南部、巴基斯坦北部、孟加拉国将成为主要的电

力受入中心。尼泊尔和不丹、印度北部水电基地，以及印度与巴基斯坦交界处塔尔沙漠地区风光基地在满足近区负荷的基础上，将成为主要电力外送地区。跨区，南亚作为亚洲负荷"南中心"，总体的电力流呈现"周边送电中心"的格局，主要受入西亚和中国的清洁电力。2035年和2050年，跨区跨国电力流将分别超过0.5亿千瓦和1亿千瓦，其中跨区电力流分别超过3000万千瓦和7000万千瓦。

南亚能源互联网逐步形成"一横三纵"的格局，与周边国家广泛互联，充分利用区内外清洁能源资源，满足南亚电力需求。结合各国电网发展和大型清洁能源基地情况，通过多方向跨国输电通道建设，将清洁能源送至负荷中心，到2050年，南亚基本形成"一横三纵"的能源电力互联格局，横向通道向西连接西亚阿拉伯半岛的太阳能基地，向东连接中国、东南亚的水电基地，形成水光互济，覆盖印度北部和孟加拉国的负荷中心。北纵通道连接中亚塔吉克斯坦、中国新疆与巴基斯坦，将中亚水电、中国西部风电送至巴基斯坦北部负荷中心。西纵通道沿阿拉伯海连接印度西部、南部，将塔尔沙漠太阳能送至印度南部负荷中心。东纵通道沿孟加拉湾连接印度东部、南部，将印度东部清洁电力送至印度南部负荷中心，并与斯里兰卡形成互联。

到2035年，南亚向东建设缅甸—孟加拉国 ±660 千伏直流工程；向西，建设沙特阿拉伯—巴基斯坦和阿联酋—印度 ±800 千伏直流工程；向北，建设中国—巴基斯坦 ±800 千伏、塔吉克斯坦—巴基斯坦 ±500 千伏直流工程，以及中国—尼泊尔背靠背工程。到2050年，南亚向东，建设缅甸—印度 ±800 千伏直流工程；向西，建设阿曼—印度 ±800 千伏和伊朗—巴基斯坦 ±660 千伏直流工程；向北，建设中国—巴基斯坦 ±660 千伏、中国—印度 2 条 ±800 千伏直流工程。

建设南亚能源互联网，带来显著的经济、社会、环境和政治效益。经济效益方面，到2050年，南亚能源互联网建设累计投资 5.5 万亿美元，拉动经济增长；通过新能源、新材料、装备

制造、电动汽车等上下游产业发展，有力带动区域经济发展。社会效益方面，到 2050 年，南亚电力普及率将达到 100%；带动新增就业岗位约 6000 万个。环境效益方面，南亚能源互联网建设可有效减少温室气体排放，到 2050 年，能源系统二氧化碳排放降至 18 亿吨 / 年；有效减少因气候变化导致的灾害，减少大气污染物排放，到 2050 年可减少排放二氧化硫 950 万吨 / 年、氮氧化物 670 万吨 / 年、细颗粒物 200 万吨 / 年。政治效益方面，通过南亚能源互联网的建设，建立广泛的合作机制，推动各国政策协同，加强政治互信；建立以清洁发展、互联互通为核心的地区能源治理新体系，促进地区融合发展，实现地区共同繁荣。

着眼于助力实现全球 1.5 摄氏度温控目标，南亚需要加速推动能源电力清洁低碳转型发展。到 2050 年，与助力实现全球 2 摄氏度温控目标相比，化石能源需求减少 56%；提升清洁能源开发比例，清洁能源发电装机增加 32%；加快电能替代，电能占终端能源比重提升约 11 个百分点；加强电网互联互通，提升资源配置能力，增加跨区跨国电力流规模约 800 万千瓦；加大投资力度，清洁能源开发和电网建设投资累计增加 20%。

目录

图表目录

■ 图目录

■ 表 目 录

Chapter 1

基本情况

南亚地处亚洲南部，面向印度洋，与孟加拉湾和阿拉伯海毗邻，是连接东亚、东南亚与西亚、北非地区的重要桥梁，地理区位优势明显；总面积约 437 万平方千米，占亚洲总面积的14.1%，是世界人口密集程度最高、发展潜力最大的地区之一。南亚各国具有丰富的自然资源和人力资源，经济持续快速增长，区域合作不断推进。在合作共赢理念的推动下，南亚各国加快工业化进程，加速互联互通，推动实现区域可持续发展。

1.1　经济社会

1.1.1　宏观经济

南亚经济持续快速增长，具备强大的发展韧性。 2017 年，南亚各国 GDP 总量为 3.3 万亿美元，占世界 GDP 总量的 4.1%，占亚洲 GDP 总量的 11.9%；区域经济平均增长率约为 6.9%，是世界平均增长水平（3.1%）的 2.2 倍，成为全球经济增长最快的地区之一。得益于南亚各国国内需求不断增长、基础设施建设升级及外资引入力度加大等多方面因素，南亚经济在全球经济发展明显放缓的情况下依旧显现出强大的发展韧性，据国际货币基金组织预测，未来南亚区域总体经济仍将保持快速增长，2021—2024 年将维持 7% 左右的中高速增长水平。2010—2017年南亚总体经济发展情况如图 1-1 所示。南亚主要国家经济增长情况及预测见表 1-1。

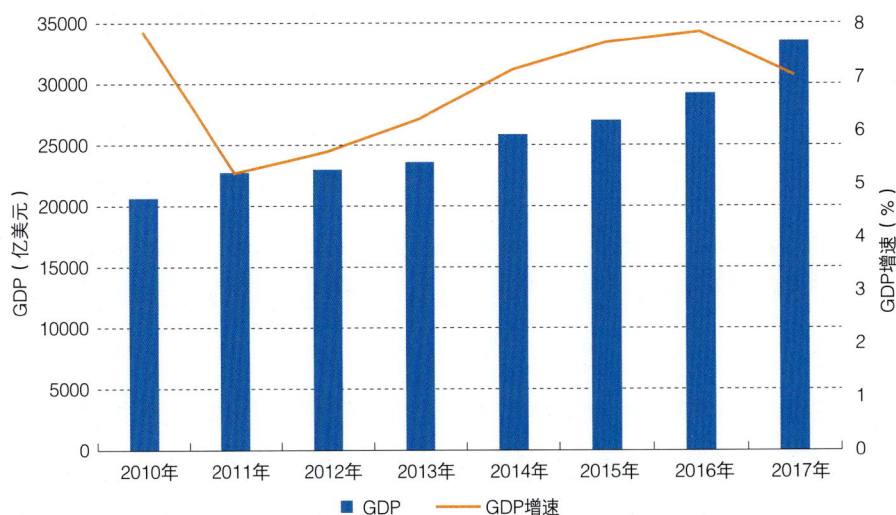

图 1-1　2010—2017 年南亚总体经济发展情况

表 1-1 南亚主要国家经济增长情况及预测

（单位：%）

年份	2015	2016	2017	2018	2019	2020	2021	2022	2023	2024
印度	8	8.3	7	6.1	4.2	1.9	7.4	7.4	7.4	7.3
孟加拉国	6.8	7.2	7.6	8	7.9	2	9.5	7.3	7.3	7.3
不丹	6.2	7.4	6.3	3.7	5.3	2.7	2.9	6.9	7.2	6.4
尼泊尔	3.3	0.6	8.2	6.7	7.1	2.5	5	5.3	5	5
斯里兰卡	5	4.5	3.6	3.3	2.3	-0.5	4.2	4.5	4.6	4.8
巴基斯坦	4.1	4.6	5.2	5.5	3.3	-1.5	2	4.5	5	5
马尔代夫	2.9	6.3	6.8	6.9	5.7	-8.1	13.2	5.5	5.5	5.5
南亚区域	7.4	7.7	6.8	6.1	4.3	1.5	7	7.1	7.2	7.1
世界	3.5	3.4	3.9	3.6	2.9	-3	5.8	3.6	3.6	3.6

数据来源：国际货币基金组织（IMF）。

工业化进程不断深化，但各国发展差距明显。随着南亚整体经济的快速增长，工业化进程持续推进，但各国之间仍存在较大差距。从经济发展水平看，印度、巴基斯坦、斯里兰卡、马尔代夫属于中等收入国家，其余三国属于最不发达国家，整体工业化水平低，除印度和巴基斯坦外，各国工业基础薄弱、产品单一，工业产值在国民生产总值中所占比重较低。从产业结构看，南亚各国产业结构基本类似，互补性不强。大多数国家以农业或旅游业为支柱产业，劳动密集型产业发展较快，资本及技术密集型产业不健全，产业整体附加值较低，受外部经济影响较大，抗风险能力不足。南亚国家三次产业 GDP 占比如图 1-2 所示。

对外贸易规模不断扩大，进口需求旺盛，以跨区域贸易为主。受经济发展、内需强劲等因素驱动，南亚地区对外贸易保持稳定增长态势，2018 年，南亚各国进口增长 15.6%，出口增长 9.7%。其中，孟加拉国、巴基斯坦和印度贸易增长较快，进口增长率分别达到 27%、17.5% 及 16.8%。**从商品类别来看**，南亚各国出口商品主要为蔬菜等农产品或纺织品等劳动密集型产品，进口商品多为燃料、机械与电子产品等工业制成品。2018 年，石油、天然气等燃料进口占到南亚区域商品进口总额的 34%。南亚国家主要进出口商品见表 1-2。**从贸易合作来看**，中国、美国、沙特阿拉伯、阿联酋等国是南亚的主要贸易伙伴。南亚各国在经济上的互补性较低，同质竞争明显，区域内贸易占比较低，且其中大部分贸易额来自印度与其他南亚国家之间的双边贸易，区内多边贸易发展较为滞后。南亚区域主要进出口贸易伙伴如图 1-3 所示。

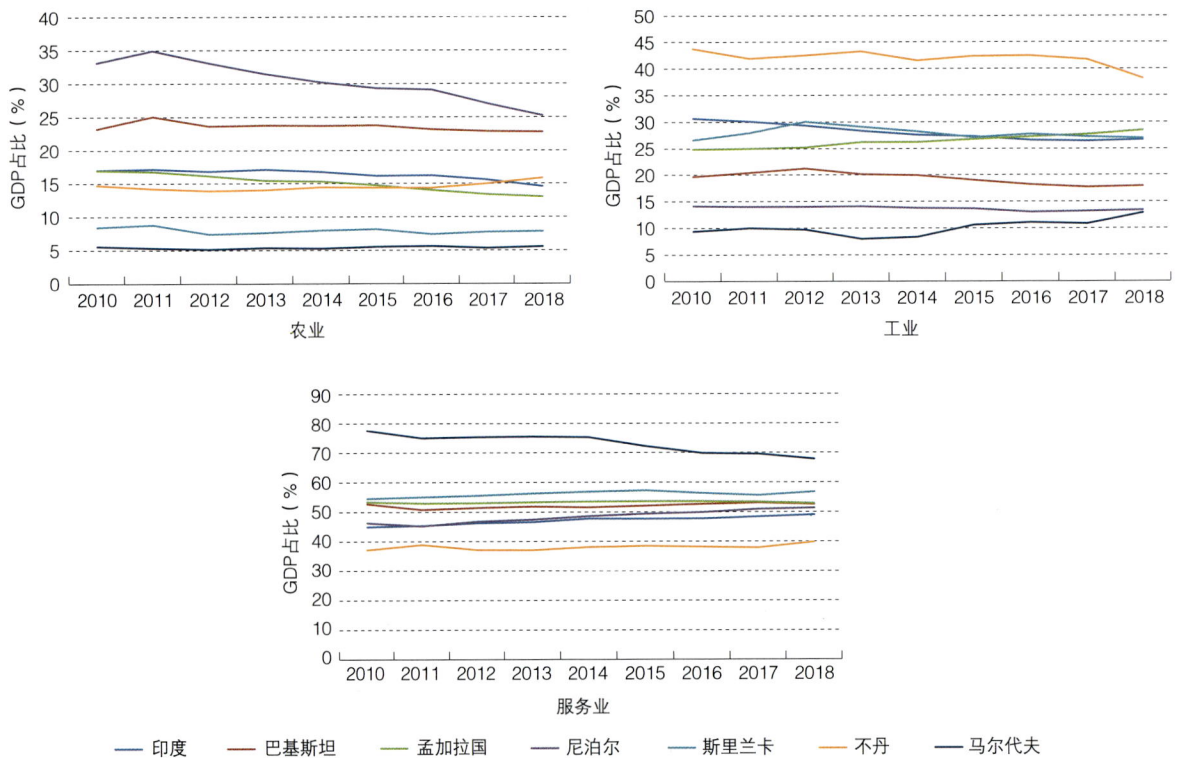

图 1-2 南亚国家三次产业 GDP 占比 ❶

表 1-2 南亚国家主要进出口商品

国家	主要进口商品	主要出口商品
印度	燃料、机械与电子产品、石材与玻璃	燃料、石材与玻璃、纺织品、化学制品
孟加拉国	纺织品、机械与电子产品、蔬菜	纺织品
不丹	金属、燃料、机械与电子产品	金属、燃料、矿物
尼泊尔	燃料、蔬菜、金属、机械与电子产品	纺织品、金属、蔬菜
斯里兰卡	燃料、纺织品、机械与电子产品	纺织品、蔬菜
巴基斯坦	燃料、机械与电子产品、化学制品	纺织品、蔬菜
马尔代夫	燃料、机械与电子产品	动物、食品

❶ 数据来源：世界银行。

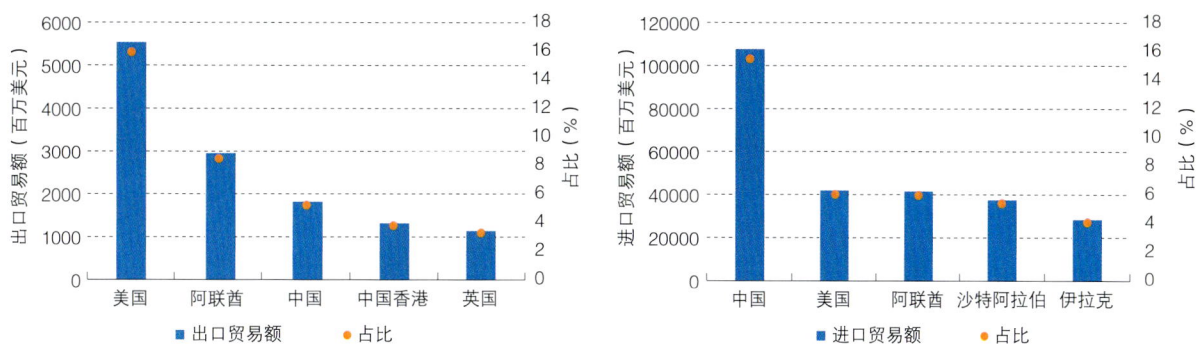

图 1-3 南亚区域主要进出口贸易伙伴❶

1.1.2 人文社会

人口红利不断释放，劳动力市场优势突出。2019 年，南亚人口约为 18 亿，占世界总人口的 24.6%，占亚洲总人口的 40.9%❷。人口结构方面，儿童（0—14 岁）、成年（15—64 岁）、老年（65 岁及以上）人口占比分别为 26%、68%、6%，如图 1-4❸所示。南亚人口将维持较长时间的高速增长期。据联合国预测，2030 年南亚人口将接近 20 亿，2050 年达到 22.1 亿，届时占全球人口的 23%。印度在 2027 年左右将超越中国成为全球人口最多的国家，并在 2050 年达到 16.4 亿的人口峰值；巴基斯坦 2050 年人口有望达到 3.4 亿人，成为全球第五人口大国❹，如图 1-5 所示。人口红利在南亚多国持续释放，以印度、巴基斯坦、孟加拉国等为代表的新兴经济体拥有大量青年劳动力资源，正在承接来自多个国家的产业转移，有望助推区域制造业发展。

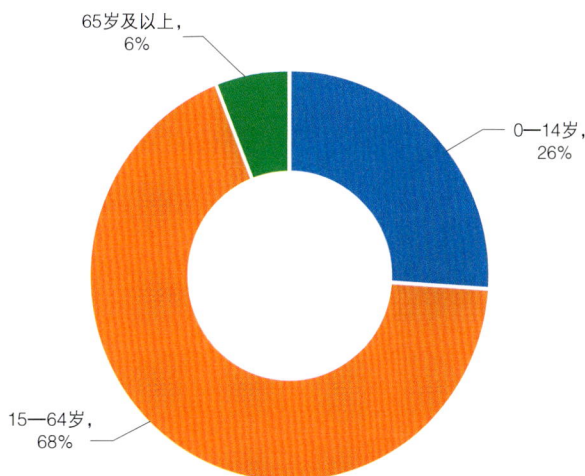

图 1-4 2018 年南亚人口年龄段分布

---

❶ 数据来源：WITS。
❷ 数据来源：《联合国人口展望 2019》。
❸ 数据来源：世界银行。
❹ 数据来源：《联合国人口展望 2019》。

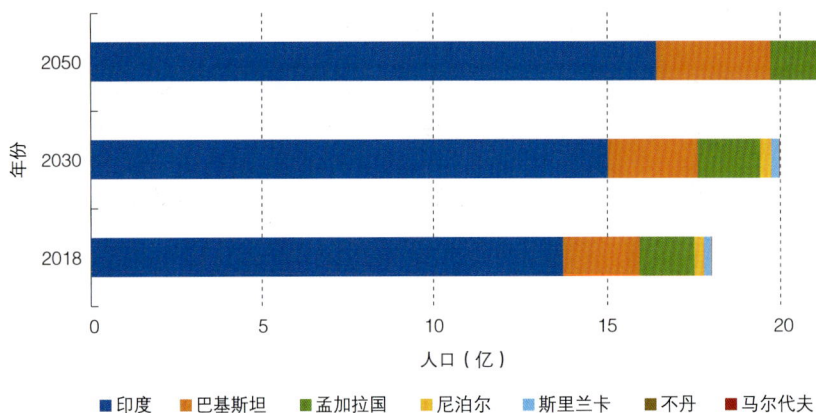

图 1-5　南亚各国人口发展趋势

　　贫困问题突出，基础设施薄弱。南亚经济虽具有较快的发展速度，但仍是全球最贫穷的地区之一。联合国于 2015 年 7 月发布的《千年发展目标报告》显示，南亚极端贫困人口占地区人口的比例为 17%，达 2.86 亿人，占全球贫困人口的 34%。从多维贫困角度考察，2018 年南亚贫困人口高达 5.4 亿，贫困发生率高达 31.3%，两个数值都仅次于撒哈拉以南非洲[1]。能源方面，2017 年无电人口高达 1.8 亿人。其中，印度是全球无电人口最多的国家，巴基斯坦是区域内无电人口比例最高的国家（29.2%），两国分别有 9900 万、6000 万人无法获得电力供应[2]。交通领域的基础设施十分薄弱：印度道路运输能力不足，国道中 75% 的路段为两车道或单车道；巴基斯坦由基础设施效率不足造成的经济损失可达 GDP 的 4%～6%，物流瓶颈导致该国工业品生产成本增加 30%；孟加拉国虽拥有 2600 千米运营铁路，但由于铁路设施老旧，仅承担了全国 4% 的交通运输量。

　　城市规模迅速扩张，形成若干大都市区，但面临公共服务供给不足等困境。随着南亚经济快速发展、工业化进程不断推进，主要国家城市化水平不断提高。以印度为例，大量人口向城市集聚，100 万以上人口的大都市区数量急剧增加。2001—2011 年，印度 100 万以上人口的大城市从 35 个增加到 53 个，并出现孟买、德里、加尔各答等人口规模超过 1000 万的特大都市区。但人口快速聚集导致交通、教育、医疗等基本公共服务供给不足，出现严重的城市贫民窟化现象。据统计，印度的城市贫困人口超过 8000 万，其中，4000 多万人口居住在城市贫民窟，孟买有 500 万人口居住在贫民窟[3]。

---

[1] 多维贫困是从健康、教育和生活水平三个维度及十个指标进行考察，数据来源：牛津大学贫困与人类发展中心。

[2] 数据来源：世界银行。

[3] 数据来源：联合国《印度城市贫困报告 2009》。

年轻人就业不稳定。2018 年，南亚的成年人文盲率高达 28%，高于全球 13.7% 的平均水平，其中巴基斯坦的文盲率在区域中最高，达 41%。区域高等教育入学率仅为 24%，低于全球平均水平的 38%。教育水平的落后直接限制青年人的发展，2018 年，南亚青年人口失业率高达 30%；即使找到工作的青年，不少人只是从事临时性工作，处于"软性"就业状态，随时可能失去岗位 ❶。

1.1.3　区域合作

区域机制化合作初见规模。1985 年 12 月，南亚区域合作联盟（简称南盟）成立，区域国家积极推动经济、民生、环境等领域的一体化合作。2004 年，第 12 届首脑峰会签署了《南亚自由贸易协定框架条约》，标志区域的自贸区建设取得突破性进展。2011 年，南盟成立区域标准化组织，从金融、税收、商业仲裁、服务贸易、产品规格等方面进一步加强成员国的经济合作和标准互认。在能源领域，2006 年 3 月，南盟能源中心在巴基斯坦伊斯兰堡投入运行，成为区域能源合作的重要平台。除南盟外，区域内还存在环孟加拉湾多领域技术经济合作倡议组织、"孟不印尼"合作等次区域机制，积极推进南亚内部一体化及与周边地区的互联互通愿景。但南亚区域一体化受到地缘政治的严重制约，区域组织的整合能力较为有限，许多达成共识的规划长期停留在纸面，未转化为有效的行动。

基础设施互联互通日益兴起。2014 年，第 18 届南盟峰会通过《加德满都宣言》，强调通过修建和升级改造公路、铁路、水运基础设施、电网、通信和航空来加强区域内互联互通。近年来，印度政府加强与尼泊尔、不丹和孟加拉国的电力贸易、跨国交通运输与共享通信服务，提升陆上互联互通规模；以环孟加拉湾和印度洋岛国为重点，升级港口基础设施和开通海上直航线路，提升海上联动水平。巴基斯坦积极拓展自身在贸易和过境枢纽上的战略地位，目前在建的大型互联项目包括中亚—南亚输变电项目、TAPI 天然气运输管道、喀喇昆仑公路升级改造二期等。

域外国家高度关注和积极支持区域互联互通。中国与"一带一路"沿线国规划建设的六大经济走廊中有两条位于南亚，分别是中巴经济走廊和孟中印缅经济走廊。日本与印度提出"亚非增长走廊"目标，旨在实现双方的优势互补，带动区域国家基础设施建设，目前两国在斯里兰卡共同推进天然气基础设施建设、在孟加拉国进行公路和桥梁建设等。美国将互联互通作为其"印太战略"的重要组成部分，设立"基础设施事务和援助网络"，帮助提升区域国家的融资能力和建设能力。

---

❶ 数据来源：世界银行。

专栏

南亚互联互通倡议一览

环孟加拉湾多领域技术经济合作倡议：由印度于 2004 年提出，目前印度、孟加拉国、斯里兰卡、尼泊尔、不丹、缅甸和泰国正式加入该倡议。在能源领域，该倡议提出跨孟加拉湾天然气管道计划、环孟加拉湾多能源交易与开发计划，前者已由泰国完成前期的可行性分析。交通领域，该倡议推动泰—缅—印、泰—缅—孟两条国际公路的连接，推动建设环孟合作倡议铁路网，加强南亚、东南亚地区的交通联系。

"孟不印尼"次区域合作倡议：由印度于 2013 年提出，成立了"水资源管理/电力与水电"（简称电力工作组）和"联通/交通"（简称交通工作组）两个联合工作组。电力工作组探索孟加拉国、不丹、印度、尼泊尔四国间电力贸易和电网互联的增长潜力，推动四国在电力领域、水资源管理的经验交流。交通工作组推动参与国签署《机动车辆协议》，加强四国间的旅客和货物运输互联互通，同时启动铁路联通协议的前期磋商。

孟中印缅经济走廊：由中国于 2013 年提出，得到印度、孟加拉国、缅甸三国的积极响应。目前，四国已召开三次联合工作组会议，确定该走廊是以交通干线和综合运输通道为发展主轴，以昆明、曼德勒、达卡、吉大港、加尔各答等经济城市和港口为主要节点，以促进次区域国家和地区经济发展为目标的国际区域经济带。

中巴经济走廊：该走廊始于中国新疆喀什，经巴基斯坦北部，抵达南部港口城市卡拉奇和瓜达尔港，全程 3000 多千米，以建设交通运输设施和电力设施为主，工程总投资超过 460 亿美元。目前，18 个早期收获项目正在顺利建设中，已为当地民众创造了超过 1.3 万个就业机会。以中巴经济走廊为引领，中巴两国确立了以瓜达尔港、能源、基础设施建设、产业园区合作为重点的"1+4"合作布局。

1.1.4 发展战略

　　加强区域内互联互通和基础设施建设是南亚国家发展合作的重要关注点。 基础设施建设薄弱，特别是道路建设和能源电力的发展滞后严重制约了南亚国家的经济社会发展。根据环孟加拉湾经合组织的相关规划，环孟加拉湾地区将推进 116 项互联互通项目建设，估计总耗资 450 亿～500 亿美元。2014—2020 年，重点建设 65 项互联互通工程项目，总耗资 150 亿美元，其中有 16 项在孟加拉国、4 项在不丹、17 项在印度、6 项在尼泊尔、5 项在斯里兰卡。地区基础设施的改善将有力推动经济社会发展，进一步提升南亚区域整体的发展活力。

　　南亚国家着力创造新的经济增长点，推动制造业加快发展。 南亚各国为实现经济快速可持续发展，制定了符合各自发展阶段的经济和产业发展规划。南亚主要国家经济发展战略见表 1-3。**印度**提出"印度制造""数字印度""智慧城市"等战略，着力将印度打造成制造业大国，发展数字经济，保持经济高速增长。出台"分阶段制造计划"（PMP）和"特别激励计划"（MSIP）等产业政策，促进手机、汽车、家电等制造业发展。**巴基斯坦**采取一系列政策措施不断加大基础设施建设、改善投资环境、推进中巴经济走廊建设，促进纺织、皮革、水泥等制造业发展。**孟加拉国**通过创建经济区、高科技园特区、出口加工区等方式吸引投资，大力发展能源电力、交通、通信、化工、纺织服装等产业，努力实施工业化战略。**斯里兰卡、尼泊尔、不丹、马尔代夫**工业基础较为薄弱，政府出台相关政策吸引外资，加大道路、能源、通信等基础设施建设，刺激经济增长。

表 1-3　南亚主要国家经济发展战略

国家	战略名称	主要内容
印度	愿景 2030	保持 8% 的年均增长率，到 2030 年将成为一个 7.2 万亿美元的经济体
孟加拉国	第七个五年规划（2016—2020 年）	2020 年，GDP 增长达到 8%，新增 1290 万个就业岗位。贫困率由 23.5% 降至 18.6%；投资占 GDP 比重由 28.97% 提高至 34.4%
尼泊尔	第十五个发展规划（2020—2024 年）	在规划期内实现年均经济最低增速 9.4%，实施总投资 92460 亿卢比。农业年均增速达 5.6%，工业年均增速 17.1%，服务业年均增速 9.9%
斯里兰卡	2025 愿景	实施全面经济发展战略，实现人均年收入 5000 美元，新增就业 100 万人，每年增加外商直接投资 50 亿美元
巴基斯坦	2030 年展望；巴基斯坦经济发展框架	到 2030 年，GDP 达到 7000 亿美元，人均 GDP 达到 3000 美元（以 2005 年不变价计算）。提高生产效率及其对经济发展的贡献度，加强市场连通性，将经济发展速度逐步提高到 7%
马尔代夫	马尔代夫经济多元化发展战略	到 2025 年，人均 GDP 达到 1.25 万美元，GDP 总量达到 50 亿美元，年增长率不低于 7%，失业率降低至 10%，加快发展旅游、交通、卫生、教育、基础设施建设等领域

1.2　能源电力

1.2.1　能源发展

能源生产总量持续增长，以化石能源和传统生物质为主。2000—2017 年，南亚能源生产量从 6.3 亿吨标煤增长到 10.1 亿吨标煤，年均增长 2.9%。人均能源生产量 0.6 吨标煤，相当于全球平均水平的 22%[1]。南亚化石能源生产主要分布在印度、巴基斯坦。2017 年，南亚煤炭、石油、天然气产量分别达 3.9 亿、0.7 亿、1.0 亿吨标煤，占能源生产总量比重分别为 38%、7%、10%。生物质能生产以薪柴等传统生物质为主，主要分布在印度、巴基斯坦、孟加拉国等，占能源生产总量比重达 35%。水能和其他可再生能源产量较少，比重分别为 6%、3%。2000—2017 年南亚能源生产情况如图 1-6 所示。

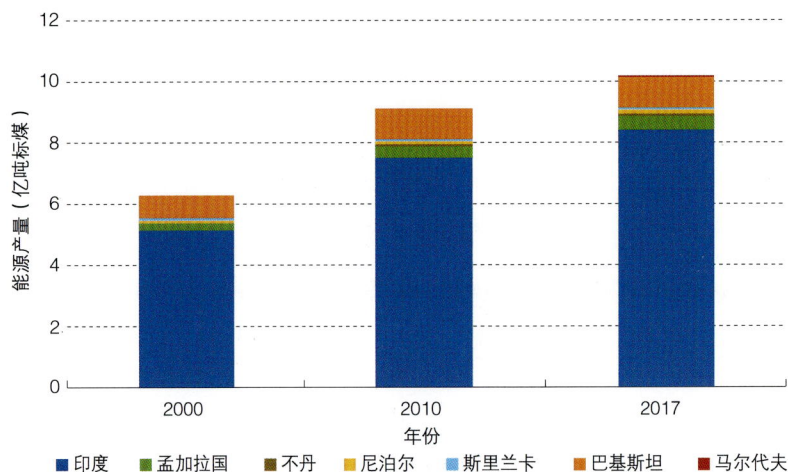

图 1-6　2000—2017 年南亚能源生产情况

一次能源消费增长迅速，化石能源和传统生物质消费占比高达 94%。南亚一次能源消费总量从 2000 年的 7.9 亿吨标煤大幅度增长至 2017 年的 15.5 亿吨标煤，年均增长 4.1%。2017 年，南亚人均能源消费量 0.9 吨标煤，相当于全球平均水平的 33%。印度、巴基斯坦的能源消费量较大，占南亚比重分别为 37%、19%。2000—2017 年南亚一次能源消费情况如图 1-7 所示。2017 年，南亚化石能源消费占一次能源比重达 70%，其中煤炭、石油、天然气比重分别为 37%、24%、9%。生物质能消费占一次能源比重为 23%，增速仅 1.5%，从第一大能源品种下降至第三大能源品种。水能、核能和其他可再生能源占一次能源比重分别为 4%、1%、2%。2017 年南亚一次能源消费结构如图 1-8 所示。同时，受本地资源限制，部分国家化石能源对外依存度较高，如印度原油对外依存度接近 85%，天然气对外依存度达到 34%[2]。

---

[1] 数据来源：国际能源署，世界能源平衡，2017。
[2] 数据来源：BP，《BP 世界能源统计年鉴》，2017。

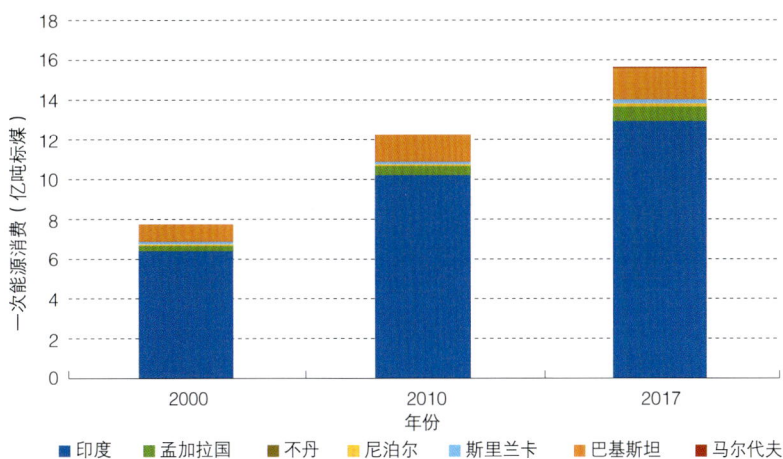

图 1-7　2000—2017 年南亚一次能源消费情况

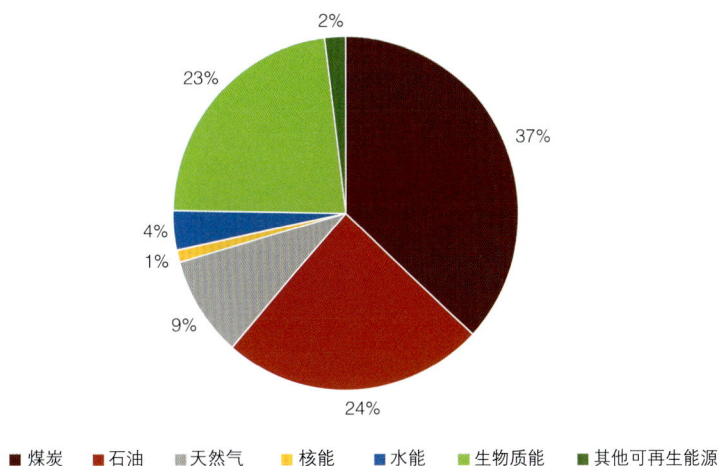

图 1-8　2017 年南亚一次能源消费结构

终端能源消费持续增长，以化石能源和生物质能为主，电能比重上升。2000—2017 年，南亚终端能源消费总量从 5.7 亿吨标煤增长至 10.5 亿吨标煤 ❶，年均增长 3.7%。2017 年，工业、交通、建筑部门的能源消费量分别为 3.4 亿、1.8 亿、4.6 亿吨标煤，占比分别为 33%、17%、43%。2000—2017 年南亚终端能源消费情况如图 1-9 所示。2017 年，南亚终端能源消费中化石能源比重增至 55%，其中煤炭、石油、天然气消费比重分别达 15%、31%、9%。生物质能是终端第二大能源品种，主要用于炊事等，比重从 2000 年的 47% 大幅度下降至 2017 年的 29%。电能消费年均增长 6.8%，增速仅次于煤炭位居第二位，比重从 10% 提高到 16%。2017 年南亚终端能源消费结构如图 1-10 所示。

❶ 采用发电煤耗法，下同。

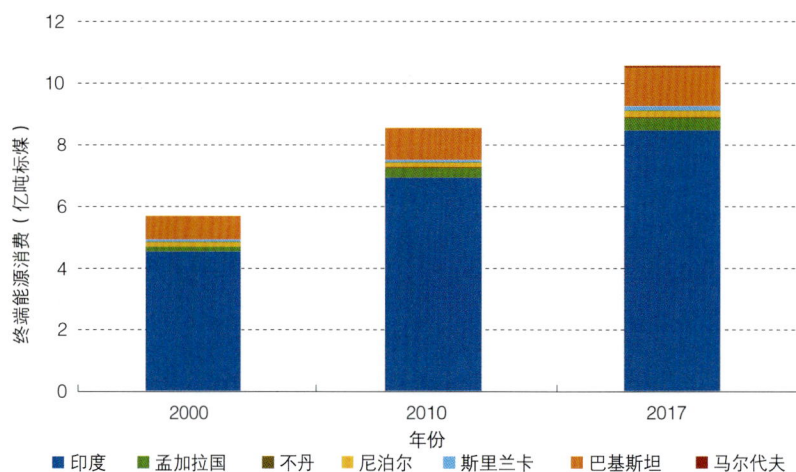

图 1-9　2000—2017 年南亚终端能源消费情况

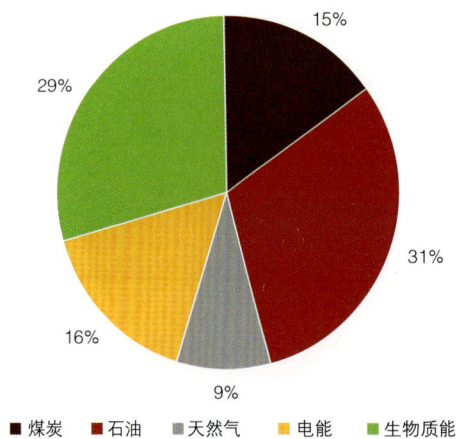

图 1-10　2017 年南亚终端能源消费结构

能源发展加剧了空气污染、温室气体排放，导致民众健康、气候灾害问题日益严重。南亚空气污染物主要来自煤炭和初级生物质的燃烧，涉及运输业、农业、工业等部门。世界 50 个空气污染最严重的城市中有一半位于印度。2018 年，巴基斯坦过早死亡人数的近 22% 是由空气污染引发的疾病所致❶。南亚地区温室气体排放量大、增长速度快，区域受气候灾害影响严重，亟须能源电力清洁转型。南亚地区的能源相关二氧化碳排放量增长迅速，从 2000 年的 11.8 亿吨增加到 2018 年的 30 亿吨，年均增长 5.3%，其中印度的能源相关二氧化碳排放达到 26.5 亿吨，约占区域总排放量的 88%❷。南亚受极端天气影响引起的相关灾害十分严重，14 亿人口面临严重的灾害风险威胁。为应对气候变化，南亚各国签署了《巴黎协定》，制定了应对气候变化国家自

❶ 数据来源：IQAir, 2019 World Air Quality Report, 2016。

❷ 数据来源：http://www.globalcarbonatlas.org/en/CO_2-emissions。

主贡献目标。其中，印度承诺2030年温室气体排放强度较2005年水平减少33%～35%，并新增25亿～30亿吨二氧化碳当量的林业碳汇❶。孟加拉国承诺至2030年，电力、交通、工业部门的温室气体排放较政策延续情景减少5%❷。

专栏

南亚整体及主要国家的空气污染问题

南亚地区空气污染问题十分严重。世界空气污染最严重的城市前20名中，有18个城市来自南亚的印度、巴基斯坦和孟加拉国。细颗粒物污染（PM2.5）在南亚地区尤为严重，按城市PM2.5水平统计，印度大、中型城市均未达到2019年世卫组织年度污染暴露目标（10微克/立方米），巴基斯坦古杰兰瓦拉和费萨拉巴德的PM2.5年均水平是世卫组织年度PM2.5暴露目标的10倍以上❸。

能源燃烧与污染难以扩散成为南亚空气污染的主要原因。南亚地区存在汽车尾气、煤炭及木材燃烧等污染源。巨大的城乡发展差距使落后地区的空气污染情况更为严重。由于缺乏必要的水、电、气等基础设施，大部分乡村仍保留着烧土灶做饭、烧柴火取暖、点油灯照明的生活方式，农业废弃物也只能依靠

焚烧处理。此外，沙尘暴、山火等都造成了极大的空气污染，北部连绵的山脉又阻止了有害气体的扩散。每年夏天，西南季风将印度洋的空气吹到大陆上形成雨季，而10月到次年5月由东北季风形成旱季。因此，在夏季风力的带动下，印度各个地区的空气污染都集中在印度北部，而到了旱季，冷空气下沉、滞留，不利于污染物扩散，形成污染物滞留。

近年来，南亚地区空气污染问题有所改善。2018—2019年，南亚地区的许多城市，特别是印度和巴基斯坦多个城市的PM2.5水平有所改善。据统计，由于经济放缓和政府行动，2018—2019年PM2.5总体下降了约14.8%❹。2019年，印度启动国家清洁空气计划，设定了雄心勃勃的PM2.5目标，并为实现这些目标制定了发展战略。

---

❶ 数据来源：印度政府，印度国家自主贡献，2016。
❷ 数据来源：孟加拉国政府，孟加拉国国家自主贡献，2016。
❸,❹ 数据来源：IQAir, 2019 World Air Quality Report, 2016。

1.2.2　电力发展

南亚电力消费总量大，人均水平低。2017 年，南亚总用电量约 1.4 万亿千瓦时，电力消费主要分布在印度、巴基斯坦和孟加拉国，三国用电量分别占南亚总用电量的 86%、8% 和 5%。2017 年，南亚年人均用电量 780 千瓦时，约为世界平均水平的 1/5，尼泊尔人均用电量仅 198 千瓦时。2017 年南亚各国电力发展现状见表 1-4。

表 1-4　2017 年南亚各国电力发展现状

国家 / 区域	装机容量（万千瓦）	用电量（亿千瓦时）	年人均用电量（千瓦时）	最大负荷（万千瓦）	电力普及率（%）
印度	38816.1	11767.5	879	16525	93
孟加拉国	1333.8	618	375	1140.5	88
不丹	326.55	27.3	3380	33.587	98
尼泊尔	104.6	58	198	138.5	96
斯里兰卡	415.5	145.6	697	240.64	97
巴基斯坦	3398	1054.9	535	2639	71
马尔代夫	30.7	4	917	6.5	100
合计	44425	13675	780	20724	—

清洁能源装机占比低，装机结构以火电为主。2017 年，南亚总装机容量约 4.4 亿千瓦，其中清洁能源装机容量约 1.29 亿千瓦，约占总装机容量的 29%；火电装机容量约 3.15 亿千瓦，约占总装机容量的 71%。2017 年南亚电源装机结构如图 1-11 所示。2017 年，南亚人均装机容量约 0.25 千瓦，远低于亚洲 0.75 千瓦的人均装机容量水平。

印度、巴基斯坦装机容量占据区域主要份额。印度、巴基斯坦装机容量分别为 3.9 亿、0.3 亿千瓦，占南亚装机总容量的比重分别为 87% 和 8%。2017 年，南亚清洁能源发电量约 0.34 万亿千瓦时，占总发电量的比重为 21%；火电发电量约 1.3 万亿千瓦时，占总发电量的比重为 79%。2017 年南亚发电量结构如图 1-12 所示。

区域内电力贸易具有一定基础。目前，南亚的电力跨国互联大部分属于印度与周边国家的双边互联。南亚各国间 132 千伏电压等级及以上互联通道 10 个，总容量约 250 万千瓦。分国别看，不丹与印度间互联容量达到 150 万千瓦，约占不丹总装机容量的 90%，不丹印度电力贸易是不丹支柱产业之一，2016 年水电出口相关收入占据不丹 GDP 的 14%。孟加拉国、尼泊尔与印度间互联容量共 100 万千瓦。斯里兰卡、马尔代夫与大陆间尚未互联，巴基斯坦与印度间

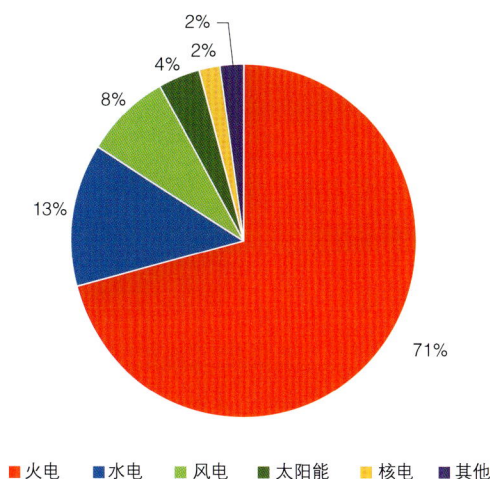

图 1-11　2017 年南亚电源装机结构

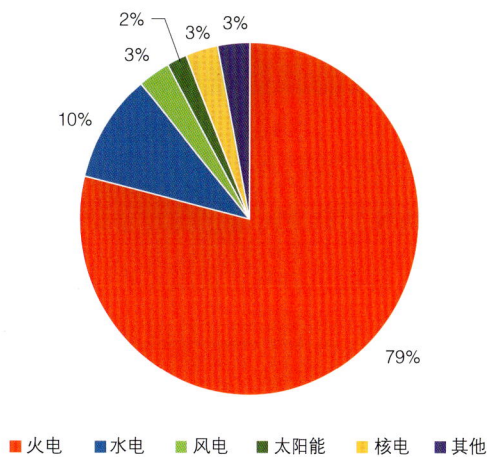

图 1-12　2017 年南亚发电量结构

没有电力互联。从电压等级看，仅有 4 个通道为 400 千伏，其他均为 220 千伏及以下电压等级线路。区外，南亚和东南亚之间通过印度与缅甸间 11 千伏线路互联。

清洁发展成为各国能源电力发展的主要目标。印度提出"一个太阳，一个世界，一个电网"倡议，计划与东南亚、西亚、非洲通过电网互联互通，到 2022 年可再生能源装机将占总发电装机的 37%，煤电占比降至 45%；到 2027 年，可再生能源的装机比例将进一步增至 44%，煤电占比进一步降至 39%[❶]。巴基斯坦提出到 2040 年核电装机占比将达到 4%，可再生能源装机占比达到 56%，其中水电占比 40%，仍然是可再生能源发电中的主力军[❷]。斯里兰卡提出到 2020 年 60% 的电力来自可再生能源；到 2025 年，减少交通部门石油消耗量 5%（相比 2015 年），到 2050 年，实现碳中和，电力部门达到 100% 可再生能源供电[❸]。孟加拉国提出到 2041 年可再生能源装机占总装机的比例达到 35%[❹]，以减少对化石能源的依赖和降低能源领域碳排放。尼泊尔、不丹继续大力开发水电，保持 100% 可再生能源供电[❺❻]。

---

❶ 数据来源：Government of India Ministry of Power and Central Electricity Authority, Nation Electricity Plan, 2018。

❷ 数据来源：Power System Planning National Transmission and Dispatch Company (NTDC), Indicative Generation Capacity Expansion Plan 2018-40, 2019。

❸ 数据来源：斯里兰卡，《斯里兰卡能源发展规划 2015—2025》《斯里兰卡 2019—2025 年国家能源政策和战略》《斯里兰卡国家自主贡献（应对气候变化）》。

❹ 数据来源：JICA and Ministry of Power, Government of Bangladesh, Power System Master Plan, 2016。

❺ 数据来源：Department of Hydropower & Power Systems Ministry of Economic Affairs Royal Government of Bhutan, National Transmission Grid Master Plan 2018, 2018。

❻ 数据来源：Asian Development Bank, Nepal Energy Sector Assessment, Strategy, and Road Map, 2017。

1.3 可持续发展思路

1.3.1 全球能源互联网发展理念

能源发展方式的不合理是引发全球可持续发展挑战的关键因素，化石能源的大量消耗导致全球资源匮乏、环境污染、气候变化、健康贫困等一系列严峻问题。应对挑战，走可持续发展之路，实质就是推动清洁发展。构建全球能源互联网，为推动世界能源转型、加快清洁发展提供了根本方案。全球能源互联网是能源生产清洁化、配置广域化、消费电气化的现代能源体系，是清洁能源在全球范围大规模开发、输送和使用的重要平台，实质就是**"智能电网 + 特高压电网 + 清洁能源"**。

构建全球能源互联网，将加快推动**"两个替代、一个提高、一个回归、一个转化"**。

两个替代

能源开发实施清洁替代，以水能、太阳能、风能等清洁能源替代化石能源；能源消费实施电能替代，以电代煤、以电代油、以电代气、以电代柴，用的是清洁发电。

一个提高

提高电气化水平和能源效率，增大电能在终端能源消费中的比重，在保障用能需求的前提下降低能源消费量。

一个回归

化石能源回归其基本属性，主要作为工业原料和材料使用，为经济社会发展创造更大价值、发挥更大作用。

一个转化

通过电力将二氧化碳、水等物质转化为氢气、甲烷、甲醇等燃料和原材料，破解资源困局，满足人类永续发展需求。

构建全球能源互联网，加快形成清洁主导、电为中心、互联互通、共建共享的能源系统，能够极大地促进能源开发、配置和消费全环节转型，让人人获得清洁、安全、廉价和高效的能源，开辟一条以能源清洁发展推动全球可持续发展的科学道路。

1.3.2 南亚能源互联网促进南亚可持续发展

南亚可持续发展需秉持绿色低碳发展理念，坚持清洁主导，切实提高南亚各国经济民生能源保障水平，促进产业结构绿色升级，全面落实《巴黎协定》2 摄氏度温控目标，促进各国协同合作，实现区域的互利共赢及可持续发展。

社会方面	经济方面	环境方面
加快消除无电人口，提高电气化水平，补齐电力基础设施短板，不断提升社会福祉，实现各阶层的包容性发展。	带动清洁化、电气化相关行业，引领产业结构升级，融入全球清洁制造产业链。	减少温室气体和各类污染物排放，改善环境质量，积极应对气候变化。

实现南亚可持续发展，关键是加快开发清洁能源，加强能源基础设施互联互通，构建南亚能源互联网，打造清洁能源大规模开发、大范围输送和高效率使用平台，保障安全、充足、经济、高效的能源供应，加速实现绿色低碳发展。南亚能源互联网是亚洲能源互联网的重要组成部分，**南亚能源互联网总体思路**是立足资源禀赋特性，大力发展水能、太阳能、风能等清洁能源，协调低碳、安全、经济发展目标之间的关系，实现能源电力高速高质量发展；加快和优化电网互联建设，统筹协调区域内各国及周边地区规划，打造绿色低碳、安全可靠、灵活互济的清洁能源大范围配置平台；以清洁能源产业为龙头，推动能源发展方式和经济产业结构的转型，助力区域全面可持续发展。

大力开发清洁能源，提升能源供应多样性，保障能源安全。根据南亚清洁能源资源禀赋和空间分布特点，采用大规模集中式与小规模分布式开发并举的方式统筹高效开发利用清洁能源。重点加快大规模集中式清洁能源开发，在印度东部和巴基斯坦南部、印度与斯里兰卡间保克海峡两岸地区大规模开发利用风能；在印度与巴基斯坦交界处的塔尔沙漠地区重点开发利用太阳能；有序开发恒河、印度河、布拉马普特拉河等流域水力资源。考虑植被及人口密集程度，在印度和孟加拉国平原地区因地制宜，重点加快风能、太阳能等的小规模分布式开发。通过开发清洁能源基地，为绿色氢能生产等提供清洁、廉价、安全的电力来源。

加快解决无电人口，提升电能消费比例，保障经济社会发展需求。电能是方便、优质、高效的二次能源，是各类能源的转换枢纽。提高南亚各行业部门的电气化水平，实现电能对煤炭、石油等传统化石能源的广泛替代，可保障南亚的能源安全，以绿色方式满足南亚快速发展的用能需求。在烹饪、取暖等领域，对薪柴等传统生物质的电能替代可显著提高居民生活水平；南亚交通行业电气化潜力巨大，电动交通工具在居民出行、市政交通、货运中大规模应用前景广阔。

加强基础设施区内区外互联互通，加深南亚及周边国家合作和理解，实现共赢发展。能源是南亚经济可持续发展的基础，能源互联互通与经济一体化是长时间内相互促进的过程。统筹考虑南亚各国在能源资源禀赋、社会发展水平、政治经济环境等方面的差异，以电力互联建设带动区域内基础设施互联互通，可以实现能源配置由局部平衡向跨国大范围配置转变，实现南亚一体化协同发展，促进能源、技术、资金、人员和物流的相互协同、高效配置，巩固和深化区域合作，缩小地区发展差距，进而为南亚带来区域发展与和平的"战略红利"。

建设清洁低碳、电为中心、互联互通的南亚能源互联网，可以破除化石能源依赖，保障能源供应安全，打造经济稳定发展、社会公平和谐、环境健康友好的可持续发展新时代。

能源电力发展趋势与展望

Chapter

2

　　围绕促进南亚经济、社会和环境的全面协调可持续发展，实现《巴黎协定》温控目标，综合考虑资源、人口、经济、产业、技术、气候和环境等因素，南亚能源供应向清洁主导方向发展，能源消费向电为中心方向发展，能源需求总量保持快速增长。终端部门电气化加速发展，电能需求不断增长。随着风电和太阳能发电成本的快速下降，清洁能源装机规模不断增长，多种清洁能源协同互补，以清洁绿色的方式保障经济可靠的电力供应。

2.1　能源需求

2.1.1　一次能源

　　一次能源需求保持高速增长。按发电煤耗法计算，2017—2050年，一次能源需求由15.5亿吨标煤增至45.1亿吨标煤，年均增速3.3%，增长2.9倍。**人均能源需求稳步提升。**2017—2050年，人均能源需求从0.9吨标煤提升至2.0吨标煤，增幅129%。其中，印度、巴基斯坦人均需求大幅度提升至2.1吨标煤；孟加拉国人均需求提升较快，达1.5吨标煤，但仍落后于南亚平均水平。2017—2050年南亚各国家一次能源需求预测如图2-1所示。

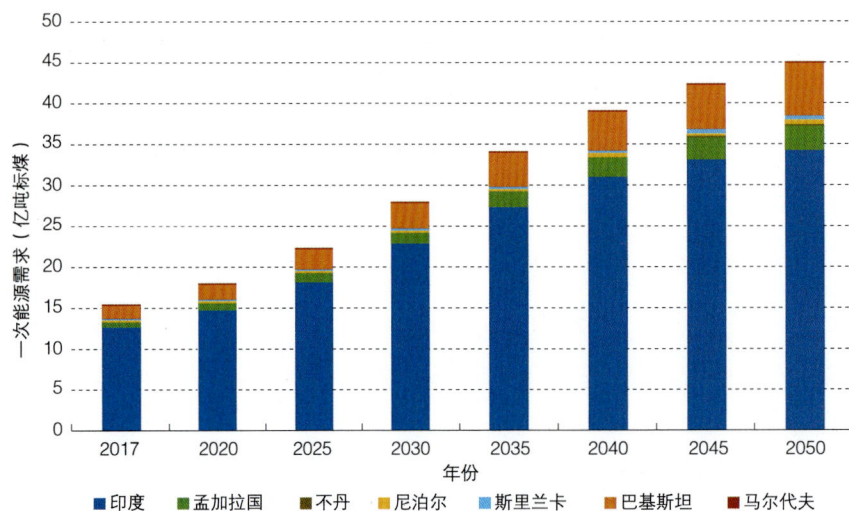

图2-1　2017—2050年南亚各国一次能源需求预测

　　印度、巴基斯坦引领能源增长，孟加拉国能源需求增速快。2050年，印度、巴基斯坦能源需求量较大，分别达到34.4亿、6.5亿吨标煤，2017—2050年年均增速分别为3.0%、4.3%，两国能源需求占南亚总需求比重达91%，增量占总增量的89%。孟加拉国能源需求增速快，达到5.1%，大大高于南亚3.3%的平均水平。2017—2050年各国/区域一次能源需求年均增长率预测见图2-2。

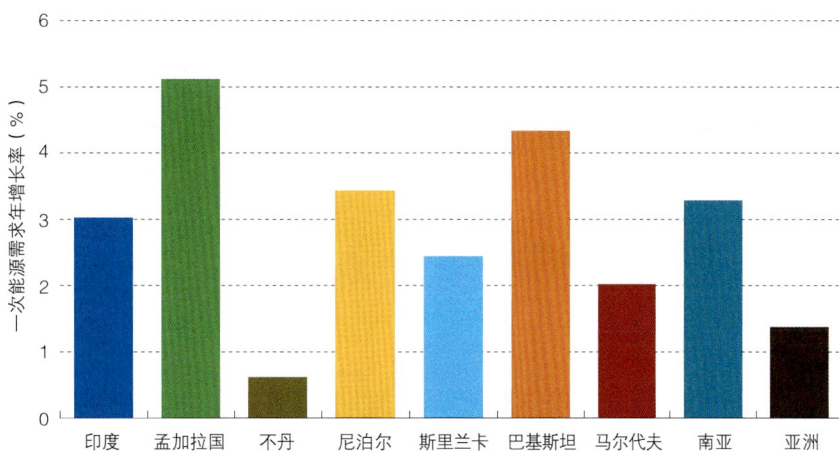

图 2-2　2017—2050 年南亚各国／区域一次能源需求年均增长率预测

煤炭、石油、天然气需求分别在 2030、2035、2040 年左右达峰，能源结构逐步向清洁能源主导转变，风光需求增速快。煤炭需求在 2030 年左右达到峰值 6.5 亿吨标煤，此后以年均 3.8% 的速度快速下降，2050 年降至 3.4 亿吨标煤，较 2017 年下降 40%。石油需求将在 2035 年左右达到峰值，约为 7.2 亿吨标煤，此后逐年下降，2050 年将降至 5.4 亿吨标煤，较 2017 年增长 47%。天然气需求将在 2040 年左右达到峰值 4.4 亿吨标煤，之后开始下降，2050 年将达到 4.1 亿吨标煤，较 2017 年增长 1.7 倍。清洁能源需求快速增长，其中风光需求增速最快，年均增速达 14.5%，2050 年将达到 23.2 亿吨标煤，占一次能源的比重达 52.3%。一次能源分品种需求预测如图 2-3 所示。2017—2050 年，清洁能源占一次能源的比重从 31% 提高至 75%❶，煤炭、石油和天然气比重分别下降至 7.3%、9.2% 和 8.6%，预计 2040 年左右，清洁能源将超越化石能源成为主导能源。分国家看，预计到 2050 年，不丹、斯里兰卡清洁能源占一次能源的比重较高，分别达到 87%、78%；巴基斯坦、印度、孟加拉国逐渐摆脱对化石能源和生物质的高度依赖，清洁能源占比分别为 77%、75%、74%。南亚各国／区域清洁能源占一次能源需求比重预测如图 2-4 所示。

---

❶ 计算化石能源、清洁能源占一次能源比重时，不计入化石能源非能利用，下同。

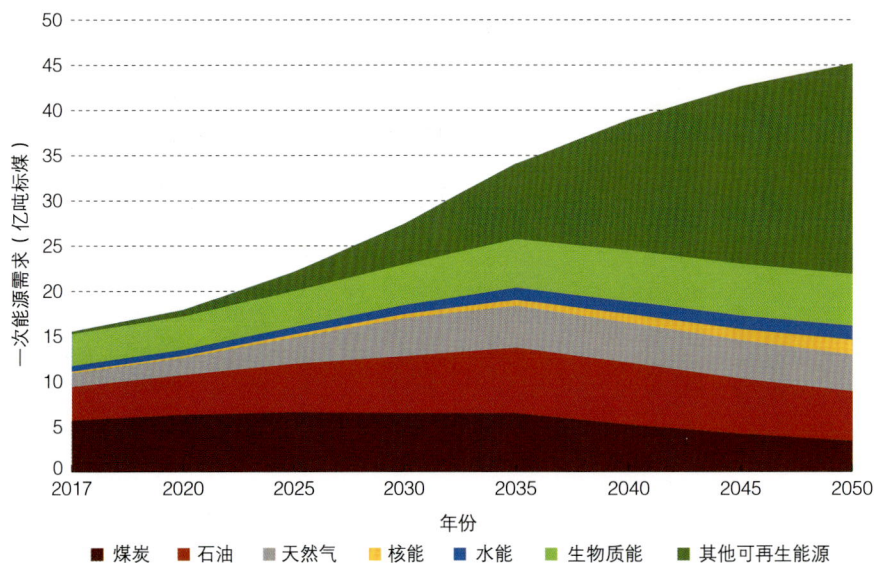

图 2-3　一次能源分品种需求预测

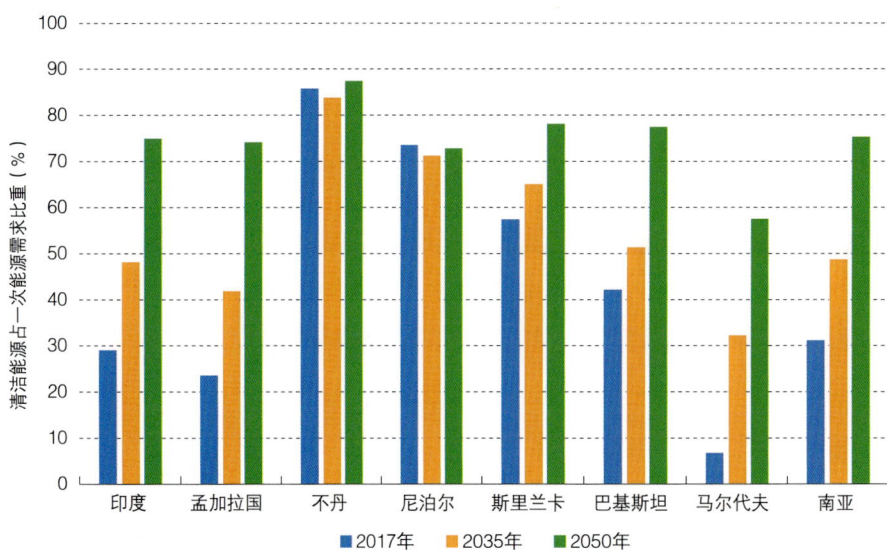

图 2-4　南亚各国 / 区域清洁能源占一次能源需求比重预测

2.1.2　终端能源

工业推动终端能源需求快速增长。2017—2035 年，终端能源需求从 10.5 亿吨标煤快速增长至 25.5 亿吨标煤，年均增速 2.7%。**工业部门，**南亚原料成本低，劳动力丰富，海运便利，纺织、食品等传统行业以外的其他产业发展薄弱。随着工业化进程快速推进，制造业加快发展，工业部门用能快速增长，2050 年将达到 11.3 亿吨标煤，年均增长 3.7%，占终端用能比重大幅度上升至 44%，增量占终端能源需求总增量的 53%。**建筑部门，**南亚人口增长快、年龄结构年轻。随着城镇化加速推进，家庭炊事、制冷需求和家用电器增长，以及商业和服务业快速发展，建筑部门用能从 2017 年的 4.6 亿吨标煤增至 2050 年的 8.5 亿吨标煤，年均增速 1.9%，占终端用能比重达 33%，增量占终端能源需求总增量的 26%。**交通部门，**随着南亚交通基础设施大幅度改善，机动车保有量大幅度增长，交通部门用能快速增长。预计 2040 年后由于电动交通、氢能交通开始替代传统燃油交通，能效提升促使交通部门用能需求缓慢下降；2050 年交通部门用能将达 3.3 亿吨标煤，年均增速 1.9%，占终端用能比重达 13%，增量占终端能源需求总增量的 10%。**非能利用领域，**塑料等石化产品需求推动化石能源作原料利用规模增加，2050 年非能利用方式用能需求将增长至 2.3 亿吨标煤，占终端用能比重达 9%。终端各部门能源需求预测如图 2-5 所示。

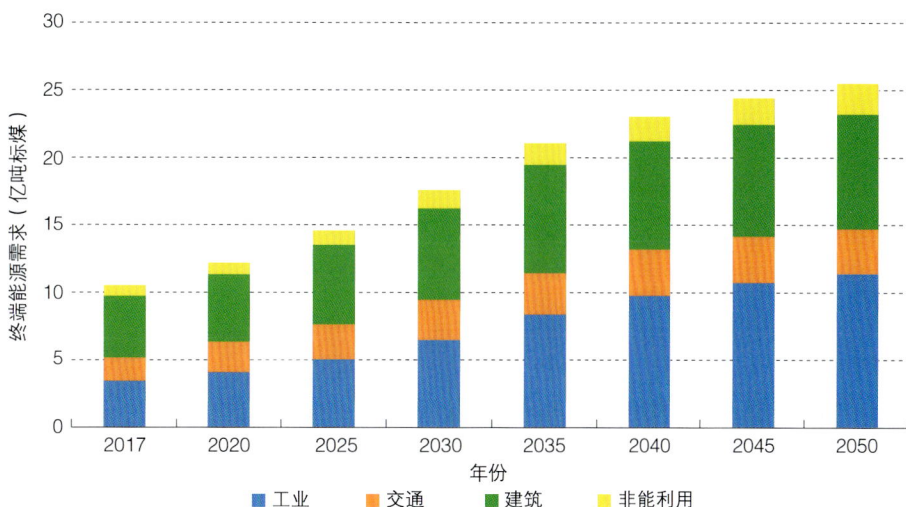

图 2-5　终端各部门能源需求预测

　　终端用能化石能源比重持续下降，电气化水平不断提升，电能 2035 年成为占比最高终端能源品种。2017—2050 年，化石能源占终端能源比重❶将由 51% 降至 35%。煤炭、石油、天然气需求均先增后降，煤炭达到峰值最早、天然气达到峰值最晚。2050 年，煤炭、石油、天然气将分别达 1.9 亿、4.9 亿、1.3 亿吨标煤，较 2017 年增长 19%、49%、37%。氢能需求逐步增长，2050 年能源和原料用氢需求将达 1000 万吨，占终端能源比重的 1.5%。同一时期，电能消费水平不断提高，加速替代化石能源和生物质，发电能源占一次能源比重从 39% 提高到 72%，电能占终端能源比重从 17% 提高到 62%，预计 2035 年左右，电能将超过石油成为占比最高的终端能源品种。终端能源各品种需求和电能占比预测如图 2-6 所示。分国家看，印度、孟加拉国电气化水平较高，2050 年电能占终端能源比重将分别达到 63%、61%。南亚各国电能占终端能源需求比重预测如图 2-7 所示。

---

❶ 计算化石能源、电能、氢能占终端能源比重时，不计入化石能源非能利用，下同。

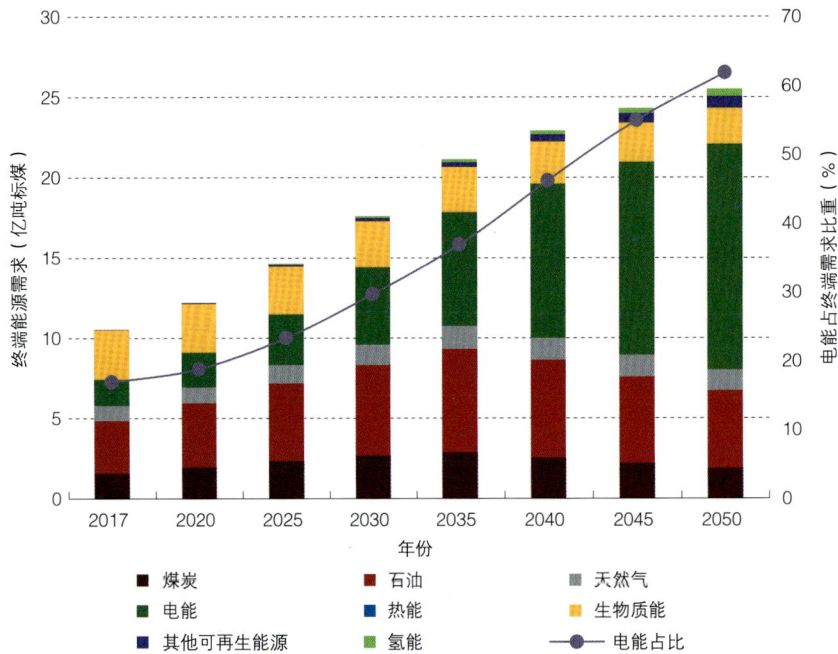

图 2-6　终端能源各品种需求和电能占比预测

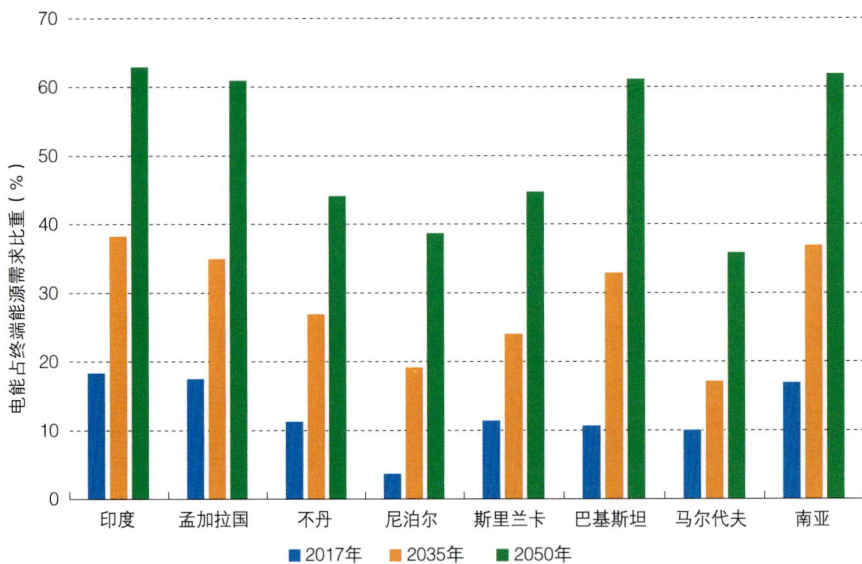

图 2-7　南亚各国电能占终端能源需求比重预测

　　终端各部门电能替代稳步推进，工业部门电能增幅最大，建筑部门电能占比最高。 电气化技术在工业领域加速渗透，逐步替代化石能源，2017—2050 年工业部门电能占比将从 19% 大幅度提升至 63%。随着居民生活水平的提高，以及商业、服务业等以电为主要能源的行业快速发展，建筑部门终端电能占比最高，2050 年将提高至 70%。随着交通部门电气化技术的发展，电能占比由不足 1% 提升至 36%。终端各部门电能占比预测如图 2-8 所示。

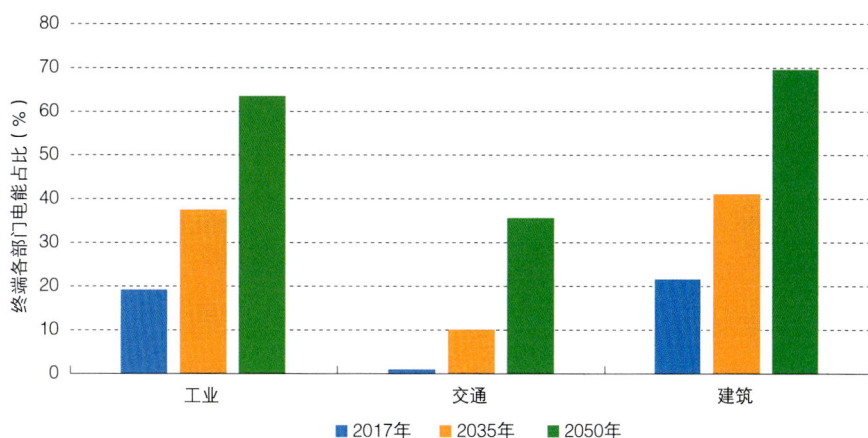

图 2-8　终端各部门电能占比预测

2.2　电力需求

2.2.1　电力需求增长点

南亚制造业的发展及民生保障水平的提高是电力需求增长的主要驱动力。南亚各国都将发展制造业作为未来发展重点，整体处于工业化初期向中期过渡阶段，用能需求巨大。民生领域，随着经济社会的发展，南亚电力可及率将大幅度提高，至 2035 年基本消除无电人口，炊事领域逐步摆脱传统生物质的依赖，空调等电器普及率上升。预计 2035、2050 年制造业升级和人民生活水平提高带来的用电需求将分别接近 6 万亿、11 万亿千瓦时。

交通领域的电气化是南亚新兴用电增长点。随着南亚两轮、三轮电动车拥有量快速增长，电气化铁路里程增加，以及电动汽车、氢能交通不断普及，交通电气化率快速提升。预计 2035、2050 年该领域用电需求将分别达到 0.3 万亿、0.8 万亿千瓦时。

专栏

印度乘用电动汽车发展

随着经济发展和科技进步，特别是交通电气化的快速发展，终端的电能使用和电能替代将更为深入和广泛。电动汽车的部署是实现可持续交通目标的关键。

2017 年，印度最具影响力的政府智库 Niti Aayog 向印度政府建议，降低电动车购车贷款利率和税率，同时限制传统燃油发动机汽车的销售。《印度国内出行方案变革与转型》指出："印度国内具备创造一种全新移动出行方式的潜力，包括搭乘共享、电动车，以及车辆互联，这些新技术的应用将会对印度国内乃至全球产生重要影响"。此外，该报告也建议印度政府2018年开始建立充电站、用于电动车组件生产的通用制造设施，并增加提供给所有纯电动车产品的奖励补贴。通过以上措施的实施，力争到2025年纯电动车的价格与传统汽车价格基本持平。

据统计，2018年印度乘用汽车数量约为3000万辆，千人汽车保有量为22辆❶。随着经济发展和政府支持，汽车数量将在印度快速增长。采用人均拥有机动车及电动车年均耗电量方法对未来电动汽车带来的新增电力需求数量进行敏感性分析，即

电动乘用车用电量＝电动乘用车保有量×单位车辆年均行驶里程×转换率×能效

预计到2035年，印度汽车数量将达到0.8亿~1.5亿辆，千人汽车保有量达到50~100辆；到2050年，印度汽车数量将达到1.5亿~3亿辆，千人汽车保有量达到100~200辆。其中电动乘用汽车占比预计从2015年的0.1%增长至2035年的20%、2050年的50%。电动乘用汽车保有量从2015年的2万辆增长至2035年的2400万辆、2050年的1亿辆。考虑印度未来每辆乘用车年均行驶里程保持现状，为1.5万千米，且平均转换率均为0.2千瓦时/千米。预计到2035年，电动乘用车电力需求约550亿千瓦时，占印度年用电量的1.7%；2050年达到3100亿千瓦时，占印度年用电量的4%，如图1所示。

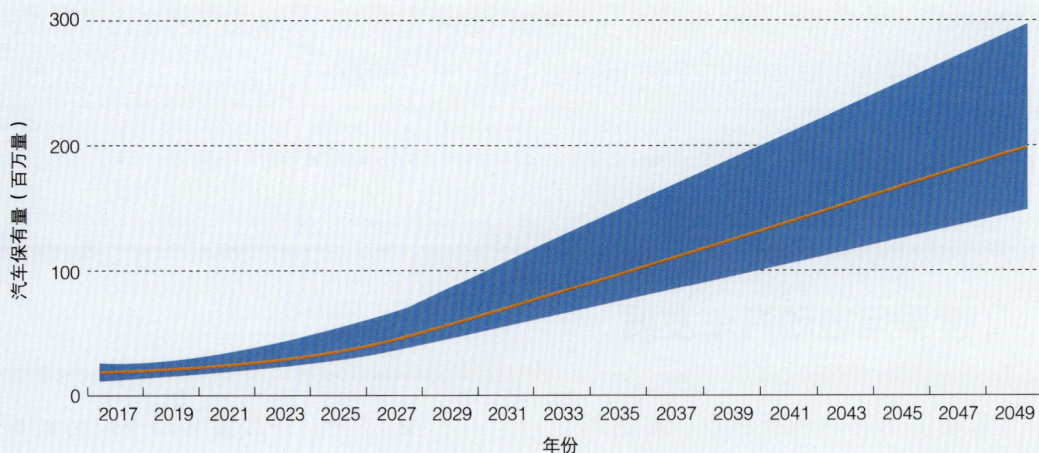

图1 印度乘用汽车保有量预测

---

❶ 数据来源：Global Automotive Sales Forecast, LMC Automotive, 2019。

2.2.2 电力需求预测

南亚电力需求总量快速增长。预计 2035 年和 2050 年，南亚电力需求分别是 2017 年的 4 倍和 8 倍。南亚用电量从 2017 年的 1.4 万亿千瓦时，增长至 2035 年的 5.9 万亿千瓦时和 2050 年的 11.7 万亿千瓦时。2017—2035 年南亚用电量年均增长率约 8.4%，2035—2050 年用电量年均增长率约 4.7%。南亚最大负荷从 2017 年的 2.2 亿千瓦，增长至 2035 年的 9.6 亿千瓦和 2050 年的 19.5 亿千瓦。2017—2035 年南亚最大负荷年均增长率约 8.5%，2035—2050 年最大负荷年均增长率约 4.8%。南亚各国电力需求预测见图 2-9 和表 2-1。

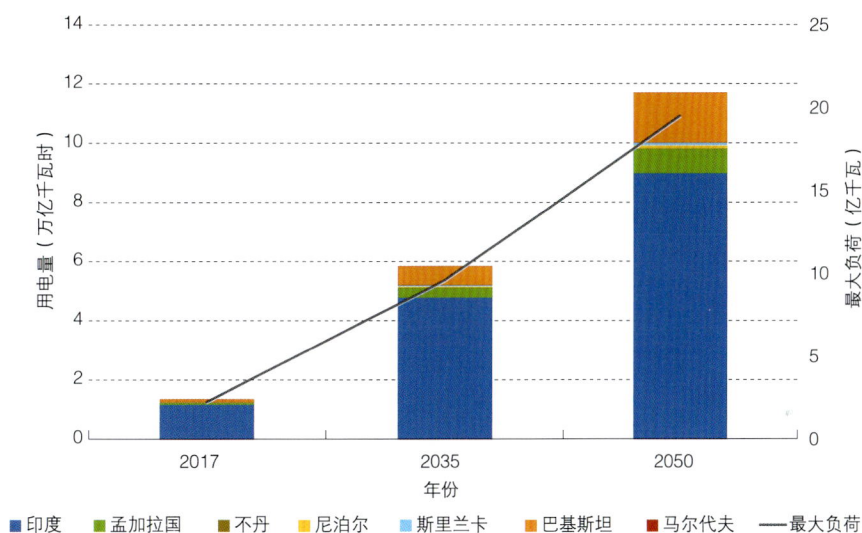

图 2-9 南亚各国电力需求预测

表 2-1 南亚各国电力需求预测

分区	用电量（亿千瓦时）			用电量增速（%）		最大负荷（万千瓦）			负荷增速（%）	
	2017	2035	2050	2017—2035	2035—2050	2017	2035	2050	2017—2035	2035—2050
南亚	13675	58643	117241	8.4	4.7	22244	95799	194819	8.5	4.8
印度	11768	47994	90000	8.1	4.3	17662	76306	146351	8.5	4.4
孟加拉国	618	3280	8165	9.7	6.3	1264	5854	14845	8.9	6.4
不丹	27	60	78	4.5	1.8	36	102	138	5.9	2.0
尼泊尔	58	438	1151	11.9	6.7	147	815	2097	10.0	6.5
斯里兰卡	146	431	940	6.2	5.3	260	742	1587	6.0	5.2
巴基斯坦	1055	6427	16881	10.6	6.7	2868	11953	29740	8.3	6.3
马尔代夫	4	13	26	6.8	4.7	7	27	61	7.9	5.6

南亚电力需求主要集中在印度及巴基斯坦。 预计 2050 年，印度、巴基斯坦用电量分别达到 9 万亿千瓦时和 1.7 万亿千瓦时，占南亚用电量的比重分别为 77% 和 14%。2017 年，电力仅占印度终端能源消费的 17%，人均水平低，城乡差距大，40% 的人用不上清洁的炊事燃料，电力消费远低于全球平均水平。此外，各部门之间的电费消费差异较大，家庭消费落后。在 2001— 2011 年的十年间，家庭电气化的年增长率仅为 1%，积压了近 20% 的家庭电气化率，印度电力需求潜力巨大。❶ 随着风、光等清洁可再生能源应用技术的不断成熟，印度能源消费及电气化水平将快速上升，电力需求潜力得到充分释放。南亚各国用电量占比预测如图 2-10 所示。

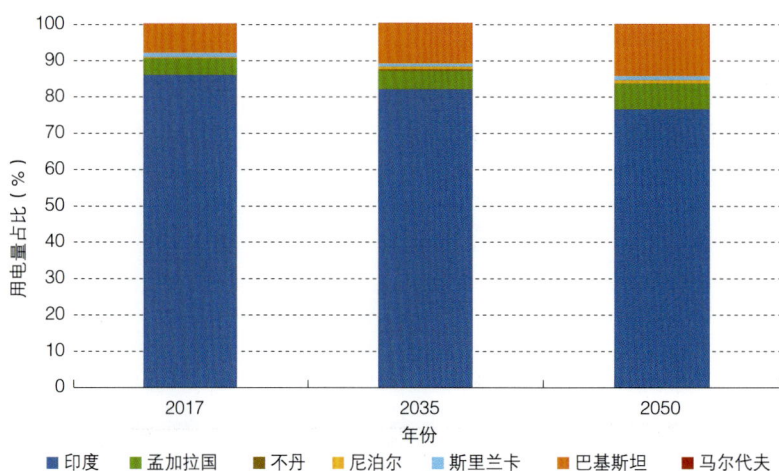

图 2-10　南亚各国用电量占比预测

人均用电水平显著提升。 预计 2017—2050 年，南亚年人均用电量将从 780 千瓦时增长至 5266 千瓦时，2050 年人均用电量是 2017 年的 6.7 倍。其中印度年人均用电量将从 879 千瓦时增长至 5425 千瓦时，2050 年人均用电量是 2017 年的 6.2 倍。孟加拉国、巴基斯坦和尼泊尔人均用电量增长相对较快，孟加拉国、巴基斯坦和尼泊尔人均用电量将增长至 2050 年的 1712、2461 千瓦时和 1280 千瓦时，是 2017 年的 10.7、10.2 及 16.1 倍。不丹、斯里兰卡、马尔代夫人均用电量保持稳步增长，2050 年人均用电量达到约 7845、4519、4510 千瓦时。南亚各国年人均用电量预测如图 2-11 所示。

---

❶ 数据来源：Draft National Energy Policy，NITI Aayog，Government of India，2017。

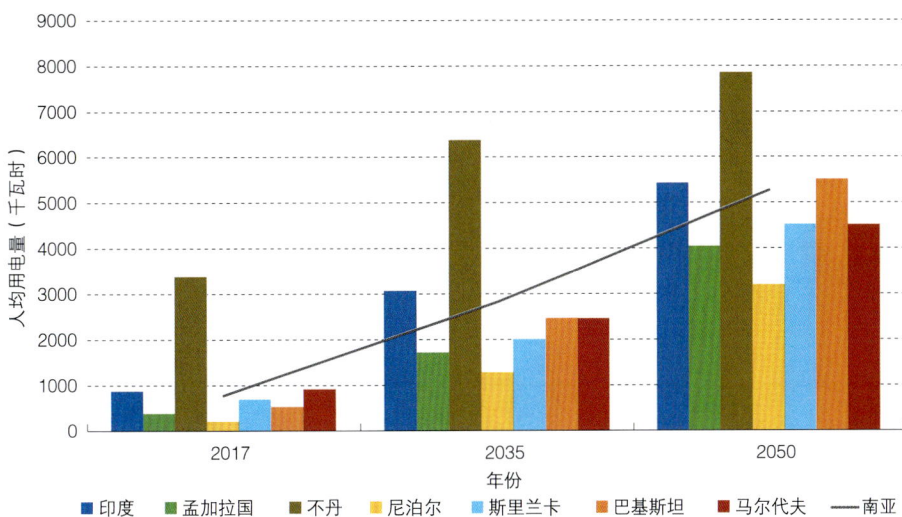

图 2-11　南亚各国年人均用电量预测

2.3　电力供应

清洁能源发电竞争力显著增强。亚洲清洁能源资源丰富，随着清洁能源发电技术的快速发展，预计到 2035 年，集中式开发的陆上风电和光伏发电的平均度电成本将分别下降到 3.0 美分和 1.9 美分，到 2050 年将分别下降到 2.4 美分和 1.4 美分。南亚清洁能源发电度电成本现状和预测如图 2-12 所示。

电源装机持续快速增长。预计 2035 年和 2050 年，南亚电源装机容量将分别达到 22 亿千瓦和 55 亿千瓦。2017—2035 年和 2036—2050 年电源装机容量将分别增长 4 倍和 1.5 倍，如图 2-13 所示。

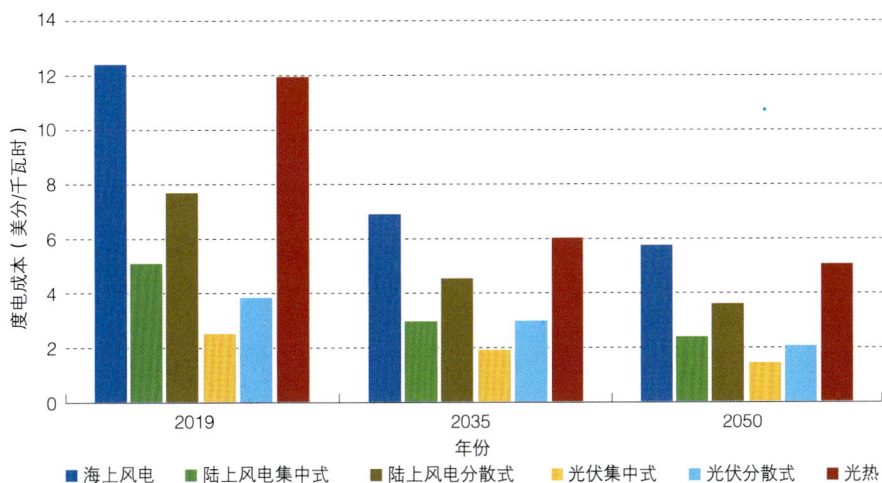

图 2-12　亚洲清洁能源发电度电成本现状和预测

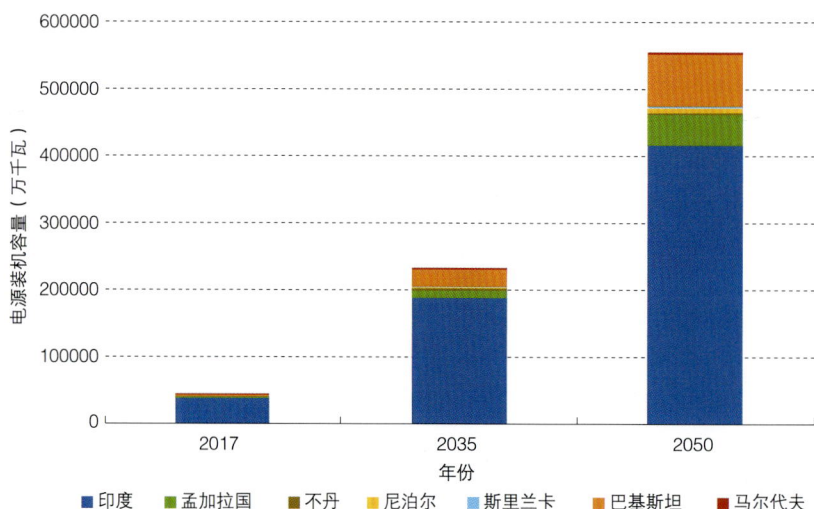

图 2-13   南亚各国电源装机容量变化

分类型看，清洁能源装机容量和发电量占比持续提升。预计 2035、2050 年，清洁能源装机容量分别达到约 16 亿千瓦和 47.5 亿千瓦，占南亚总装机容量的比重分别提升至 73% 和 86%。其中 2035 年，火电装机容量约 6 亿千瓦，占比 27%。清洁能源装机容量中，水电（含抽水蓄能及潮汐能）装机容量 1.4 亿千瓦，占比 6%；风电装机容量 3.6 亿千瓦，占比 17%；太阳能装机容量 9.7 亿千瓦，占比 44%；核电装机容量 0.3 亿千瓦，占比 1%；生物质能装机容量 1 亿千瓦，占比 4%。2050 年，火电装机容量约 7.5 亿千瓦，占比 14%。清洁能源装机容量中，水电（含抽水蓄能及潮汐能）装机容量 2.1 亿千瓦，占比 4%；风电装机容量 10.1 亿千瓦，占比 18%；太阳能发电装机容量 33.1 亿千瓦，占比 60%；核电装机容量 0.9 亿千瓦，占比 2%；生物质能装机容量 1.8 亿千瓦，占比 3%。到 2035 年，南亚清洁能源发电总量将达到 3.7 万亿千瓦时，占总发电量的 62%。到 2050 年，南亚清洁能源发电总量将达到 10.3 万亿千瓦时，占总发电量的 86%。南亚电源装机结构如图 2-14 所示。

分国家看，印度、巴基斯坦电源装机容量占比相对较大，孟加拉国和尼泊尔装机容量显著增加。预计 2035、2050 年，印度装机容量将分别达到 17.6 亿、41.1 亿千瓦，占南亚总装机容量的比重分别为 80%、75%；巴基斯坦装机容量分别达到 2.4 亿、7.6 亿千瓦，占南亚总装机容量的比重分别为 10%、14%。随着孟加拉国和尼泊尔清洁能源大规模开发与利用，预计 2035、2050 年，孟加拉国装机容量分别达到 1.2 亿、4.8 亿千瓦，分别达到 2017 年的 9、36 倍；尼泊尔装机容量分别达到 2350 万、6850 万千瓦，分别达到 2017 年的 22、65 倍。南亚各国电源装机容量占比如图 2-15 所示。

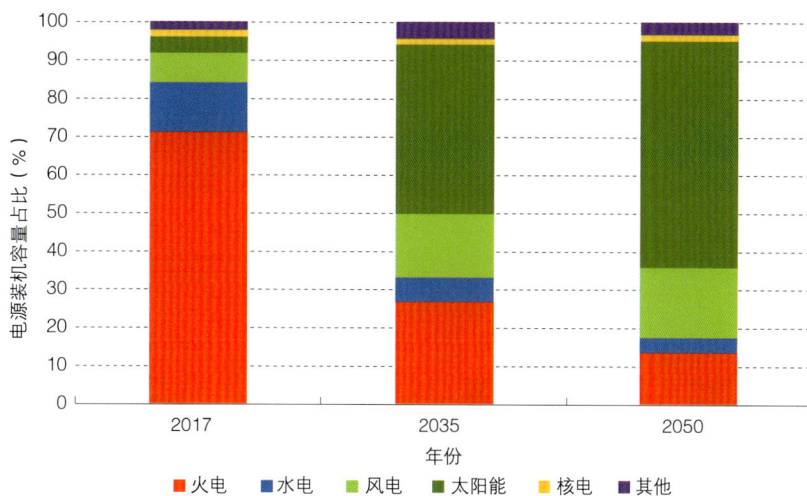

图 2-14　南亚电源装机结构

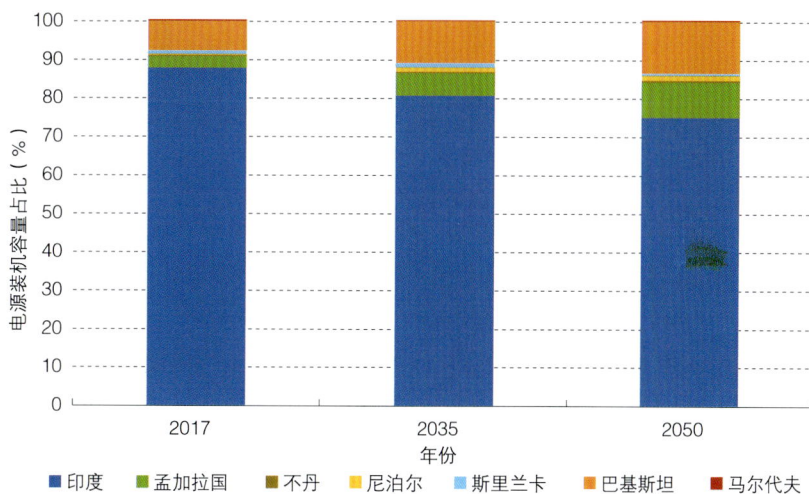

图 2-15　南亚各国电源装机容量占比

从装机结构看，太阳能、风电增速较快，水电稳步发展，南亚国家清洁能源发展重点各有不同。印度加速能源转型，预计到 2050 年，印度火电装机占总装机的比重下降至 14%，风电装机占总装机的比重提升至 23%，太阳能装机占总装机的比重提升至 56%，清洁能源装机占总装机的比重将达到 86%。

巴基斯坦、孟加拉国大力开发太阳能资源，预计到 2050 年，巴基斯坦太阳能装机容量将达到 5.2 亿千瓦，占总装机容量的 68%；孟加拉国太阳能装机容量将达到 4.2 亿千瓦，占总装机容量的 86%。

不丹、尼泊尔继续开发水电资源，预计到 2050 年，不丹、尼泊尔水电装机容量将分别达到 2450 万千瓦和 3600 万千瓦，分别占总装机容量的 78% 和 53%。

　　斯里兰卡、马尔代夫逐步降低火电比重，提升风电和太阳能装机占比，预计到 2050 年，斯里兰卡风电和太阳能装机容量将分别达到 1800 万千瓦和 2000 万千瓦，分别占总装机容量的 42% 和 46%，火电全部退出，实现 100% 清洁供电目标；马尔代夫风电和太阳能装机容量将分别达到 40 万千瓦和 100 万千瓦，分别占总装机容量的 22% 和 56%，火电占比降至 22%。2050 年南亚各国电源结构如图 2-16 所示。

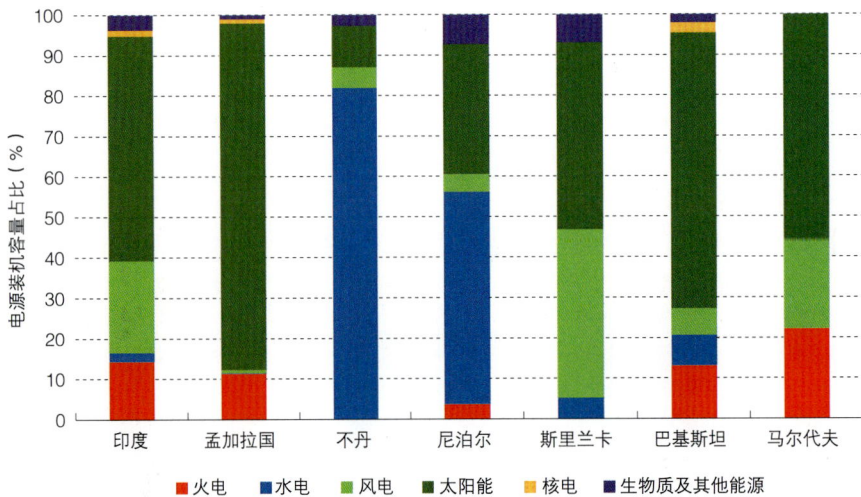

图 2-16　2050 年南亚各国电源结构

3

清洁能源资源开发布局

南亚清洁能源资源丰富，太阳能、水能和风能理论蕴藏量丰富，综合风、光、降水等气候数据及地理信息、地物覆盖等数据，参考借鉴相关国家和国际组织、机构等发布的研究成果，对南亚清洁能源资源及大型基地布局进行研究。南亚水能资源开发比例低，风能和太阳能开发利用处于起步阶段，需要因地制宜，集中式与分布式协同开发，实现清洁能源的大规模开发和高效利用。

3.1 清洁能源资源分布

3.1.1 水能

南亚水能资源储量丰富，主要分布在恒河、印度河、布拉马普特拉河和哥达瓦里河流域，其中印度河、恒河、布拉马普特拉河发源于喜马拉雅山脉，分别注入阿拉伯海和孟加拉湾，如图 3-1 所示，总技术可开发量达到 2 亿千瓦以上。

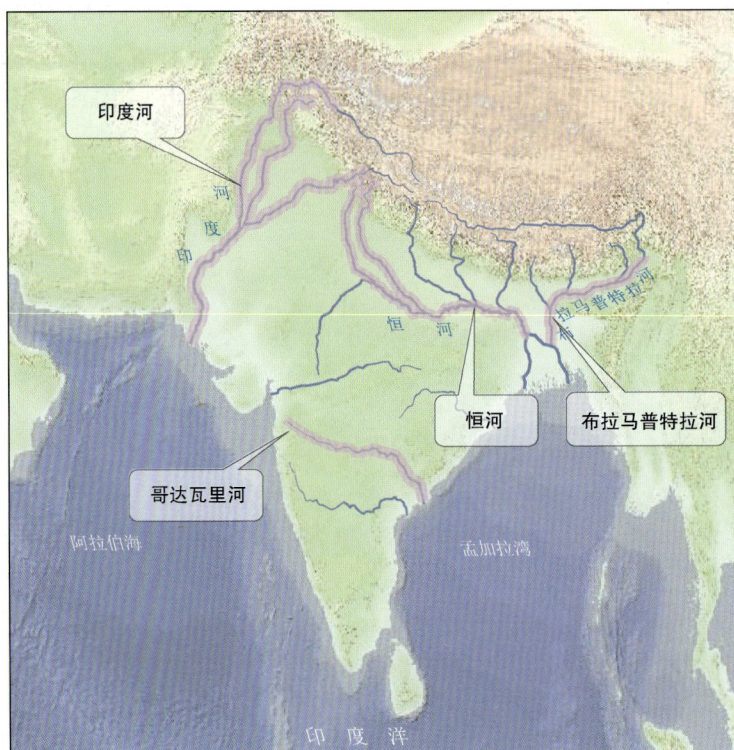

图 3-1 南亚水系图

恒河

南亚的一条主要河流，流经印度北部及孟加拉国。恒河源头帕吉勒提河和阿勒格嫩达河发源自印度北阿坎德邦的根戈德里等冰川，它横越北印度平原（即恒河平原），流经北方邦，汇合其最大支流亚穆纳河，再流经比哈尔邦、西孟加拉邦，最后分为多条分流注入孟加拉湾，其中一条是加尔各答附近的胡格利河，另外一条是进入孟加拉国的博多河，博多河进入孟加拉国后，汇合雅鲁藏布江在孟加拉国境内的下游贾木纳河，注入孟加拉湾，其入海河段称为梅格纳河。恒河全长 2700 千米，流域面积 106 万平方千米（不包括支流贾木纳河及其以上部分），河口处的年平均流量为 2.51 万立方米 / 秒，径流量 5500 亿立方米；其中在印度境内长 2071 千米，流域面积 95 万平方千米，年平均流量为 1.25 万立方米 / 秒。恒河上游水源主要来自 3—5 月喜马拉雅山冰雪融化，中、下游则来自 6—9 月的季风降雨。冬季为枯水期，5 月初开始上涨，8—9 月升至最高，水位高约 10 米。

印度河

巴基斯坦主要河流，其支流也经过中国西藏及印度北部。其源头位于中国西藏阿里地区革吉县境内，源头溪流名为邦果贡。从喜马拉雅山脉朝西北方向流入克什米尔，调头向南流入巴基斯坦，在信德省的卡拉奇附近流进阿拉伯海。河流总长度 3180 千米，流域面积 116 万平方千米。印度河平均年径流 2070 亿立方米。印度河水系的主要河流以融雪为源。流量在一年中的不同时期迥然有异：冬季（12 月—次年 2 月）流量最低，春季和初夏（3—6 月）水位上升，雨季（7—9 月）洪水出现，偶有暴洪。印度河及其支流所有的水都是在其流域上游山区获得的。所以在流出山麓时流量最大，在平原上几乎没有地表水流汇入，由于蒸发和渗漏而大量失水。另外，在雨季之后，渗漏也可增加一些水。在印度河干流中，水位从 12 月中旬至次年 2 月中旬最低。此后河水开始上涨，最初缓慢，而在 3 月底较为迅速。高水位通常出现在 7 月中旬至 8 月中旬。此后河水急遽下降，直至 10 月初，水位开始较为平缓地减退。

布拉马普特拉河

南亚水量最多、长度最长的河流。它也是以流量计世界第九大河及以长度计世界第十五大河。布拉马普特拉河的上游在中国境内，称为雅鲁藏布江，长 2057 千米；流入印度后称为布拉马普特拉河，长 644 千米；流入孟加拉国后称贾木纳河，长 240 千米；在阿里恰与恒河汇流后称帕德玛河，长 100 千米；在琴德普尔与梅格纳河汇合后仍称梅格纳河，长 241 千米；最后注入孟加拉湾。包括上游雅鲁藏布江在内的全长为 2900 千米，总流域面积 71.2 万平方千米。流域国有中国、印度、不丹、孟加拉国，四国分别占该河流域面积的 51.1%、34%、6.7%、8.2%。该河均流量为 1.9 万立方米 / 秒，年最大流量 2.4 万立方米 / 秒（1988 年），年最小流量 1.6 万立方米 / 秒（1985 年）；年径流总量 6234 亿立方米。

哥达瓦里河

印度南部的一条河流，为印度第二长河，发源马哈拉施特拉邦西北部的纳西克附近，源头西距阿拉伯海仅 80 千米，流向东南，穿越德干高原，在安得拉邦北部海岸注入孟加拉湾。全长 1465 千米，流域面积约 31.5 万平方千米，径流量 1002 亿立方米，河口平均流量 3180 立方米 / 秒。每年 3—6 月为热季、7—9 月为雨季、10—11 月为过渡季，12 月至次年 2 月为冷季。流域水量充沛，大部分集中于 6—9 月，西部降雨较东部少。

3.1.2 风能

南亚风能资源较好，分布广，理论蕴藏量约 38 万亿千瓦时 / 年。距地面 100 米高度全年平均风速范围为 1~8 米 / 秒。全年平均风速大于 7 米 / 秒的区域主要分布于巴基斯坦西部和南部及印度南部。巴基斯坦西部地区属于热带沙漠气候，植被覆盖率低，风能资源较好，部分地区年平均风速可达 8 米 / 秒；受印度洋海风影响，巴基斯坦南部部分地区和印度南部部分地区风速较高，部分地区年平均风速可达 8 米 / 秒。

南亚风速低于 5 米 / 秒的区域主要分布于尼泊尔、不丹和印度东北部地区。这些地区植被覆盖率高，风速较低。南亚年平均风速分布如图 3-2 所示。

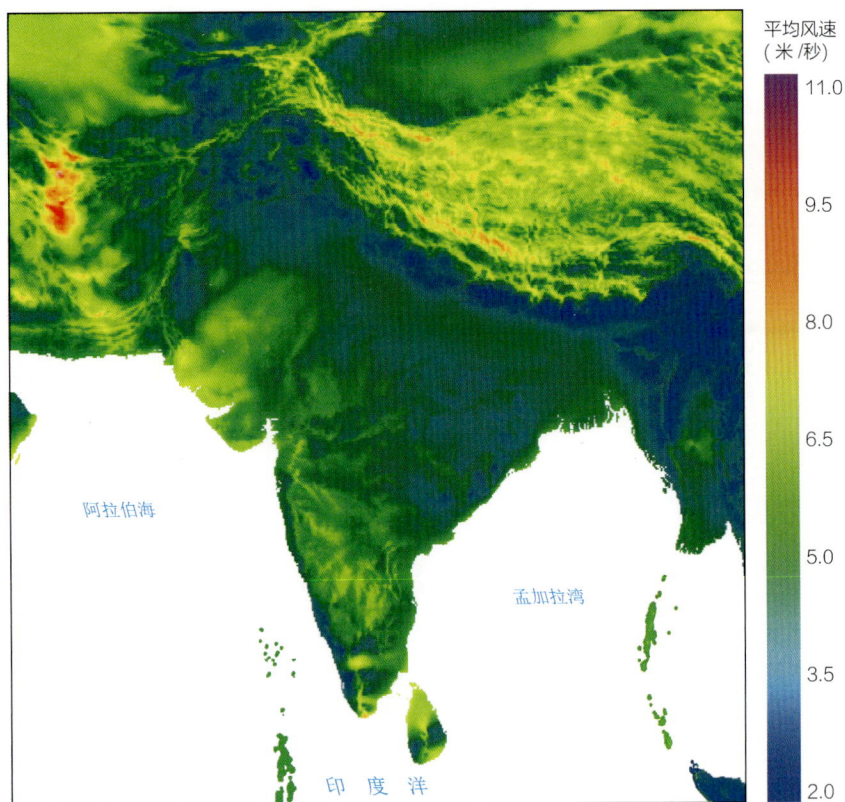

图 3-2 南亚年平均风速分布示意图

3.1.3 太阳能

南亚太阳能资源丰富，太阳能光伏发电理论蕴藏量约 8116 万亿千瓦时 / 年，太阳能年总水平面辐射量（Global Horizontal Irradiation，GHI）范围为 800~2200 千瓦时 / 平方米。南亚太阳能年总水平面辐射量大于 2000 千瓦时／平方米的区域主要分布于巴基斯坦西部及印度西部和南部部分地区。巴基斯坦西部地区气候干旱、气温高，太阳能水平面总辐射量高；印度西部和南部部分地区属于热带季风气候，太阳能水平面总辐射量高。南亚太阳能年总水平面辐射量较低区域主要分布于印度西北部和巴基斯坦北部的克什米尔地区。该区域为高原山地气候，大部分区域为冰雪覆盖，太阳能年总水平面辐射量较低。南亚太阳能年总水平面辐射量分布如图 3-3 所示。

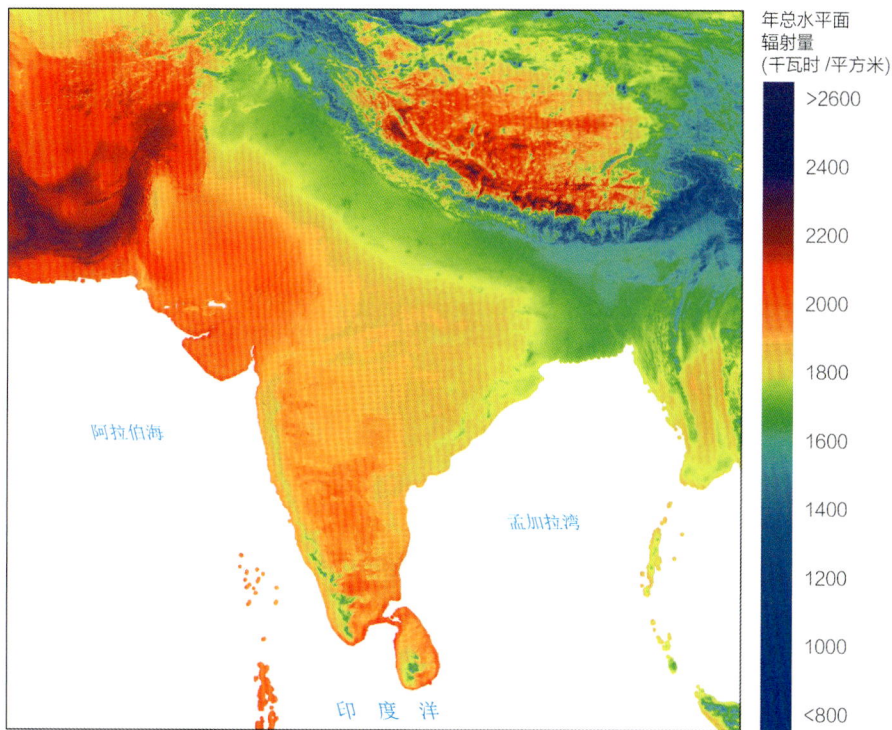

图 3-3　南亚太阳能年总水平面辐射量分布示意图

　　南亚光热理论蕴藏量约 6347 万亿千瓦时／年，太阳能年法向直射辐射（Direct Normal Irradiation，DNI）范围为 300～2700 千瓦时／平方米。南亚太阳能年总法向直射辐射量高于 2000 千瓦时／平方米的区域主要分布于巴基斯坦西部和印度西部部分地区。巴基斯坦西部和印度西部部分地区气候干旱、气温高，太阳能直射辐射量高。南亚太阳能年总法向直射辐射量低于 1000 千瓦时／平方米的区域主要分布于孟加拉国和印度东部部分地区。该区域降水量丰富，太阳能年总法向直射辐射量低。南亚太阳能年总法向直射辐射量分布如图 3-4 所示。

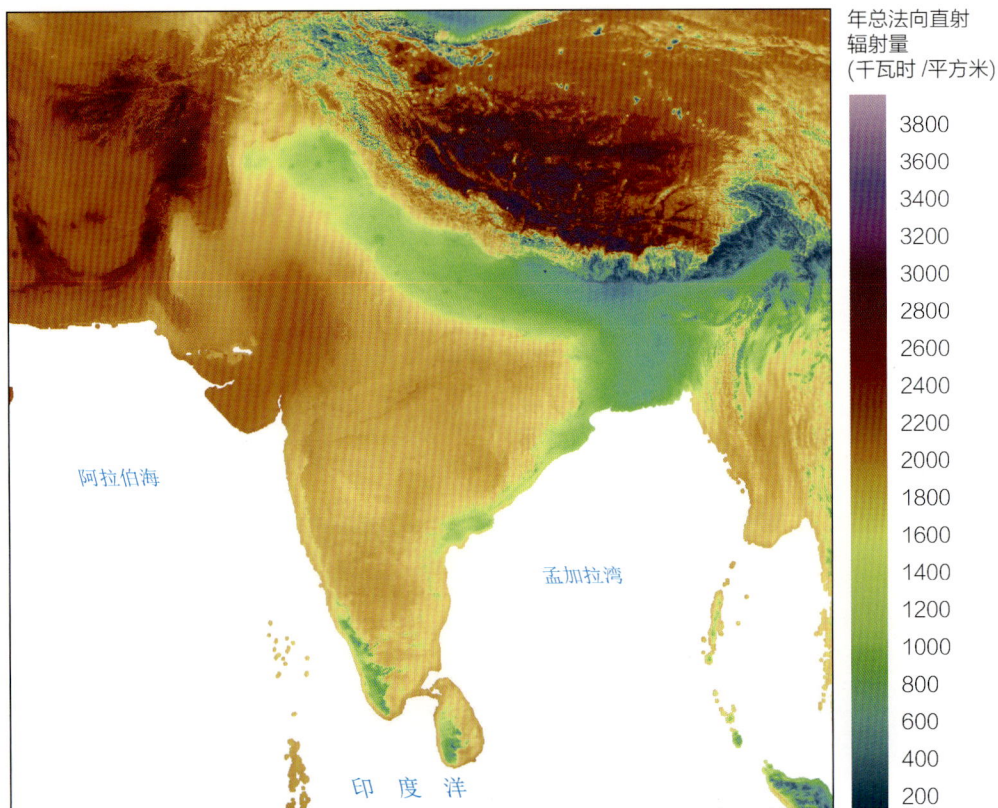

年总法向直射
辐射量
(千瓦时 /平方米)

图 3-4　南亚太阳能年总法向直射辐射量分布示意图

3.2　清洁能源基地布局

3.2.1　水电基地

南亚主要开发恒河、印度河和布拉马普特拉河流域水电基地。南亚水电基地布局如图 3-5 所示，各基地装机情况见表 3-1。预计到 2050 年，三大流域水电基地装机容量约 17100 万千瓦。

表 3-1　南亚水电基地装机情况

基地	技术可开发量（万千瓦）	开发比例（%）	2035 年装机容量（万千瓦）	2050 年装机容量（万千瓦）
恒河	6250	11	3600	5600
布拉马普特拉河	3900	7	2400	3500
印度河	9000	26	5000	8000
合计	19150	—	11000	17100

图 3-5 南亚水电基地布局示意图

3.2.2 风电基地

南亚风电以大规模集中式陆上风电开发为主，以分散式开发及海上开发为辅。南亚风电资源集中在印度西部和南部、巴基斯坦南部和西部及斯里兰卡北部海岸。结合风能资源特性和分布情况，初步规划 14 个风电基地，总技术可开发量约 4.75 亿千瓦，预计 2050 年装机容量约 3.9 亿千瓦。南亚风电基地布局如图 3-6 所示，各基地装机情况见表 3-2。

表 3-2 南亚风电基地装机情况

单位：万千瓦

序号	基地名称	所属国家	技术可开发量	2035 年装机容量	2050 年装机容量
1	杰伊瑟尔梅尔	印度	5500	2300	5400
2	帕焦	印度	4000	2600	4000
3	拉杰果德	印度	5000	2000	5000

续表

序号	基地名称	所属国家	技术可开发量	2035 年装机容量	2050 年装机容量
4	普杰	印度	5500	2000	5400
5	绍拉布尔	印度	3000	2000	3000
6	贝拉里	印度	4000	2000	3800
7	金奈	印度	2500	1000	2400
8	蒂鲁普尔	印度	3000	1400	1700
9	杜蒂戈林	印度	3000	1400	2500
10	马纳尔	斯里兰卡	2000	500	800
11	贾夫纳	斯里兰卡	1500	300	700
12	噶罗	巴基斯坦	3000	400	2000
13	金皮尔	巴基斯坦	2500	200	1000
14	俾路支	巴基斯坦	3000	300	1500
	合计		47500	18400	39200

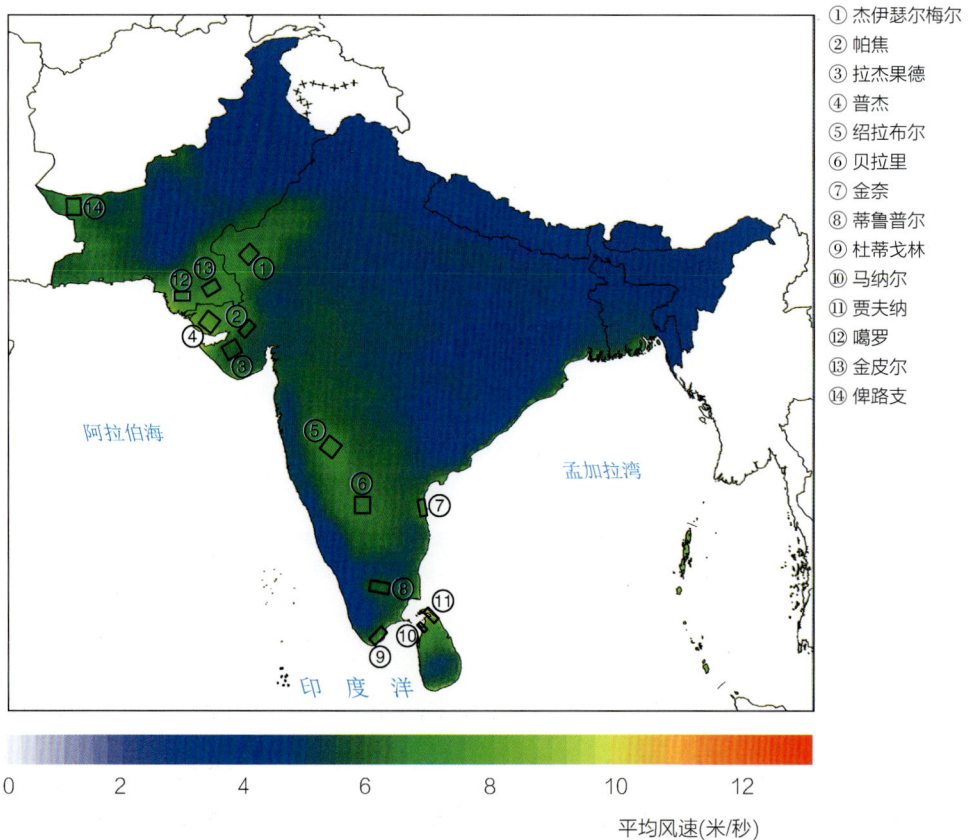

① 杰伊瑟尔梅尔
② 帕焦
③ 拉杰果德
④ 普杰
⑤ 绍拉布尔
⑥ 贝拉里
⑦ 金奈
⑧ 蒂鲁普尔
⑨ 杜蒂戈林
⑩ 马纳尔
⑪ 贾夫纳
⑫ 噶罗
⑬ 金皮尔
⑭ 俾路支

平均风速(米/秒)

图 3-6 南亚风电基地布局示意图

3.2.3　太阳能基地

南亚太阳能资源丰富，主要分布在印度西部和南部、巴基斯坦南部。结合太阳能资源特性和分布情况，初步规划 13 个太阳能基地，总技术可开发量约 13.7 亿千瓦，预计 2050 年装机容量约 8.6 亿千瓦。南亚太阳能基地布局如图 3-7 所示，各基地装机情况见表 3-3。

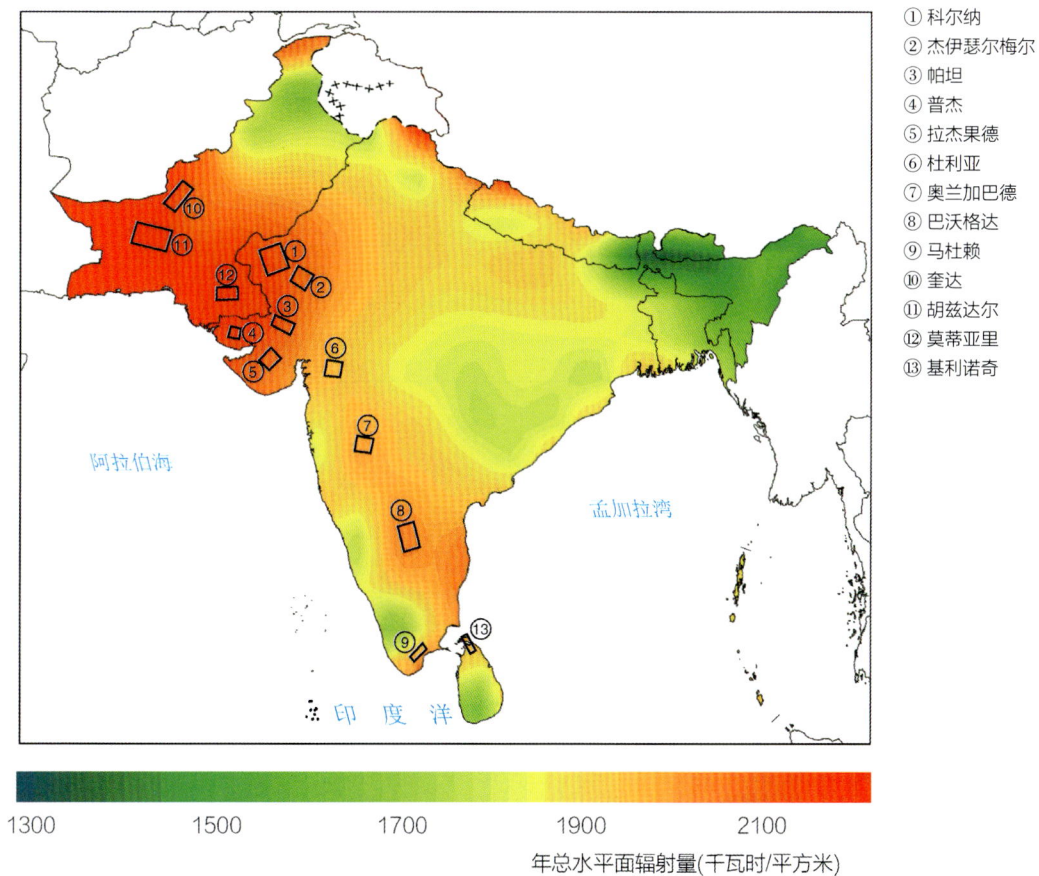

①科尔纳
②杰伊瑟尔梅尔
③帕坦
④普杰
⑤拉杰果德
⑥杜利亚
⑦奥兰加巴德
⑧巴沃格达
⑨马杜赖
⑩奎达
⑪胡兹达尔
⑫莫蒂亚里
⑬基利诺奇

图 3-7　南亚太阳能基地布局示意图

表 3-3　南亚太阳能基地装机情况

单位：万千瓦

序号	基地名称	所属国家	技术可开发量	2035 年装机容量	2050 年装机容量
1	科尔纳	印度	12000	3600	9000
2	杰伊瑟尔梅尔	印度	11500	4000	10000
3	帕坦	印度	9500	3200	8000

续表

序号	基地名称	所属国家	技术可开发量	2035 年装机容量	2050 年装机容量
4	普杰	印度	15000	3000	7500
5	拉杰果德	印度	10000	2800	7000
6	杜利亚	印度	8000	2400	6000
7	奥兰加巴德	印度	7500	1600	4000
8	巴沃格达	印度	10500	3200	8000
9	马杜赖	印度	8000	2000	5000
10	奎达	巴基斯坦	13500	2800	7000
11	胡兹达尔	巴基斯坦	15500	3600	9000
12	莫蒂亚里	巴基斯坦	13000	1600	4000
13	基利诺奇	斯里兰卡	3000	760	1500
	合计		137000	34560	86000

专栏

光伏发电技术

光伏发电技术概况。 光伏发电（PV）是一种基于光生伏特效应将太阳能直接转化为电能的过程。光伏发电系统的主要结构由太阳能电池及其组件（或方阵）、逆变器、升压变压器，以及测量、数据采集等附属设施构成，如图1所示。

太阳能电池是光伏发电技术的核心，根据其材料和制造工艺的不同，可分为三类：① 晶硅电池，包括单晶硅电池和多晶硅电池，优点是技术成熟、稳定性好，电池组件的转化效率可达20%～24%，是主流的光伏发电技术，但电池易碎且弱光效应差。② 薄膜电池，包括硅基薄膜、碲化镉（CdTe）、铜铟镓硒（CIGS）和钙钛矿电池等，其优点是厚度薄（不到晶硅电池的1/100），可以制成柔性器件，但电池组件转化效率较低，为12%～19%。③ 聚光电池、热载流子电池、量子点电池、多叠层电池等新型太阳电池技术，目前多处于探索、开发与创新的阶段。

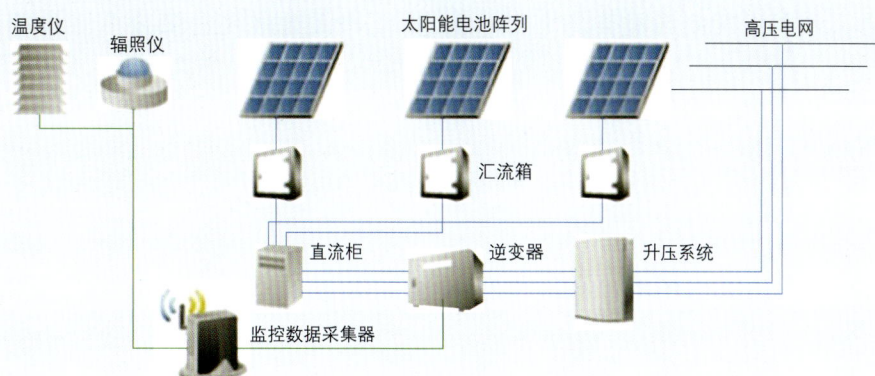

图 1 光伏发电系统示意图

技术发展趋势。晶硅电池技术呈现多样化发展趋势，P 型 PERC（Passivated Emitter and Rear Cell，钝化发射极和背面电池技术）组件为主、P 型双面逐渐成为主流；N 型技术生产线逐渐成熟，PERT/PERL（Passivated Emitter and Rear Locally-diffused，发射极钝化和背面局域扩散电池）/HIT（hetero-junction with intrinsic thin-layer，异质结电池）技术进展较快，HIT+IBC（Interdigitated Back-contact SolarCells，背接触电池）电池将成为下一代研发的重点方向。预计到 2050 年，晶硅电池转换效率和稳定性将进一步提升，组件转换效率有望达到 27%。

薄膜电池以铜铟镓硒（CIGS）技术路线为主，其原料成本低廉、制备工艺简单、器件性能相对优良。预计到 2050 年，铜铟镓硒薄膜电池组件转换效率继续提升，达到 25%。砷化镓（GaAs）型薄膜电池转化效率最高，但是由于电池成本昂贵，大规模应用受限，多应用于卫星、空间探测器等特殊领域。

新型电池经过在概念、机理、材料、器件等方面的多年研究积累，钙钛矿电池、钙钛矿叠层电池、Ⅲ-Ⅴ族化合物电池等技术已经逐渐从实验室走向产业化发展。染料敏化电池、有机电池、量子点电池、叠层电池、硒化锑电池、铜锌锡硫纳晶电池、Ⅲ-Ⅴ族纳米线电池、单带差超晶格电池等新型电池技术则是未来光伏发电技术的重要研发方向。

成本下降趋势。2009—2019 年，全球光伏发电成本呈现快速下降趋势。根据彭博新能源财经等机构发布的信息，光伏电站的度电成本下降幅度超过 86%，其中固定式光伏电站从 35.5 美分／千瓦时下降至 5.1 美分／千瓦时，追踪式光伏电站从 34.1 美分／千瓦时下降至 4.6 美分／千瓦时，如图 2 所示。

　　全球能源互联网发展合作组织基于光伏电站的成本构成及发展趋势，建立光伏度电成本分析预测模型，预计到2050年，全球集中式光伏发电项目平均初投资将降至约240美元／千瓦，亚洲集中式光伏发电项目平均初投资将降至约230美元／千瓦。

图2　全球光伏度电成本变化趋势 ❶

❶ 数据来源：彭博新能源财经。

Chapter **4**

电网互联

根据南亚清洁能源资源禀赋和空间分布，参考各国能源电力发展规划，统筹清洁能源与电网发展，加快各国和区域电网升级；依托特高压交直流等先进输电技术，加强跨洲跨区跨国电网互联，形成覆盖清洁能源基地和负荷中心的坚强网架，全面提升电网的资源配置能力，支撑清洁能源大规模、远距离输送及大范围消纳和互补互济，保障电力可靠供应，满足南亚各国和地区经济社会可持续发展的电力需求。

4.1 电力流

统筹考虑电源发展、电力需求分布和清洁能源开发布局，通过电力电量平衡分析，印度南部、巴基斯坦将成为主要的电力受入中心；尼泊尔和不丹积极发展水电，巴基斯坦和印度交界处塔尔沙漠及沿海地区大力开发太阳能、风能，在满足本地负荷的基础上，将成为主要电力外送基地。**南亚内部电力流总体呈现"东电西送，北电南送"的格局。跨区，南亚作为亚洲负荷"南中心"，总体的电力流呈现"周边送电中心"的格局**，主要受入西亚太阳能、中国西部清洁电力等，如图 4-1 所示。

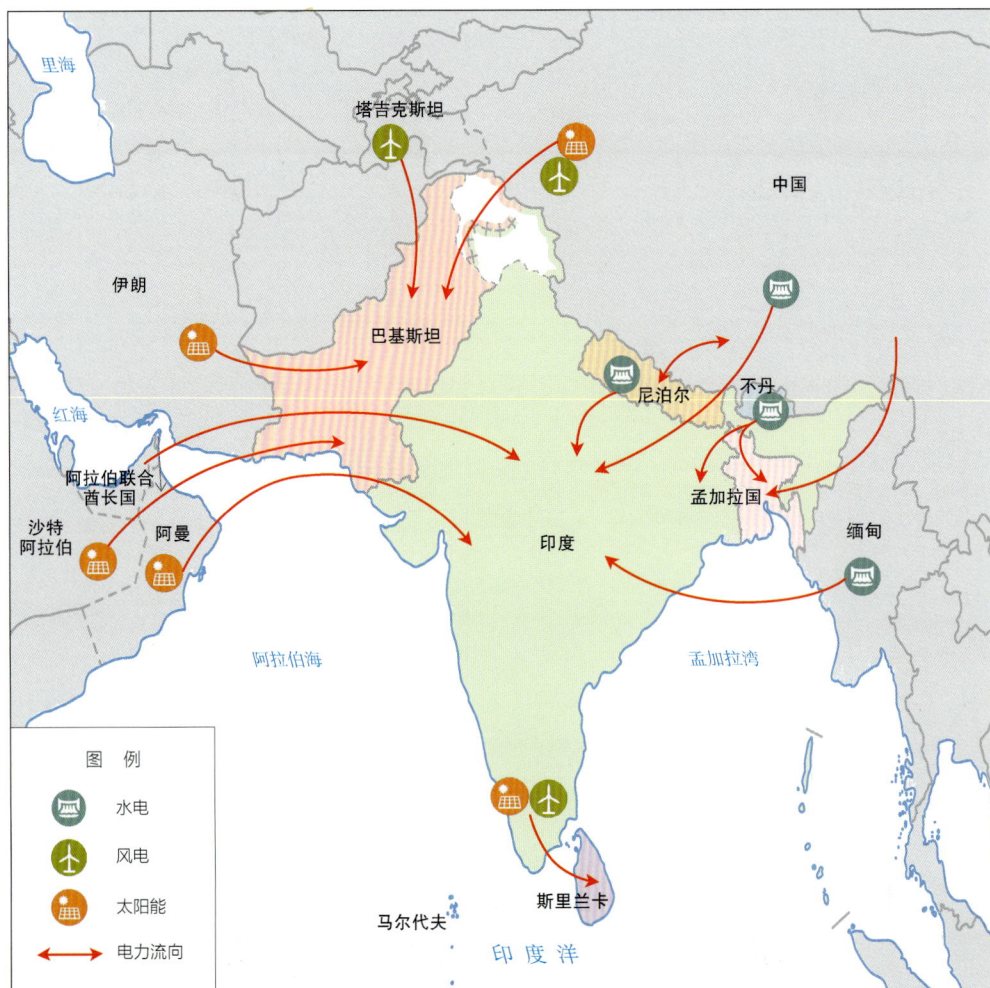

图 4-1 南亚电力流示意图

4.1.1 各国供需平衡

- **印度：**预计 2050 年最大负荷 14 亿千瓦，规划装机容量 41.2 亿千瓦，恒河、布拉马普特拉河具有较大水电开发潜力，塔尔沙漠及周边风光资源丰富，东部是传统的化石能源基地。北部人口密集，是传统的负荷中心，西部与南部地区经济发展速度快，负荷增长潜力大，是未来的主要负荷中心。印度内部主要电力流向为东电西送，由东部及东北部向西部负荷中心送电。跨国，受入中国、缅甸、西亚电力，向孟加拉国、斯里兰卡外送电力。

- **孟加拉国：**预计 2050 年最大负荷 1.4 亿千瓦，规划装机容量 4.8 亿千瓦。孟加拉国是南亚重要负荷中心，本地清洁能源资源较为匮乏，需要从缅甸、不丹、印度受入电力。

- **不丹：**预计 2050 年最大负荷 138 万千瓦，规划装机容量 3130 万千瓦。不丹本地负荷较小，水电资源丰富，具有较大的外送电能力，盈余电力将送至印度北部。

- **尼泊尔：**预计 2050 年最大负荷 2097 万千瓦，电源装机容量 6850 万千瓦，是南亚重要的水电基地，在满足本地电力需求的基础上，盈余电力将送至印度北部负荷中心。

- **斯里兰卡：**预计 2050 年最大负荷 1587 万千瓦，规划装机容量 0.4 亿千瓦。斯里兰卡具有较为丰富的风电、水电，在积极开发本地清洁电源的同时，与印度互联，受入清洁电力。

- **巴基斯坦：**预计 2050 年最大负荷 3 亿千瓦，规划装机容量 7.6 亿千瓦，巴基斯坦北部水电资源，南部风电、太阳能资源丰富，在大力开发本国清洁能源的基础上，需要受入西亚、中国、中亚电力。

- **马尔代夫：**预计 2050 年最大负荷 61 万千瓦，规划装机容量 180 万千瓦。马尔代夫作为小岛屿国家，将充分开发本地清洁能源资源，实现能源自给自足。

4.1.2 电力流方案

预计 2035 年和 2050 年，南亚跨区跨国电力流将分别超过 0.5 亿千瓦和 1 亿千瓦。

预计 2035 年，南亚跨区电力流 3030 万千瓦，其中印度和巴基斯坦分别受入阿联酋和沙特阿拉伯电力 800 万千瓦电力，尼泊尔与中国互济 200 万千瓦，巴基斯坦从中亚和中国分别受电 130

万千瓦和 800 万千瓦，孟加拉国经缅甸从中国受电 300 万千瓦等。区内跨国电力流 1400 万千瓦，其中尼泊尔和不丹水电外送规模分别达到 800 万千瓦和 600 万千瓦。2035 年南亚电力流如图 4-2 所示。

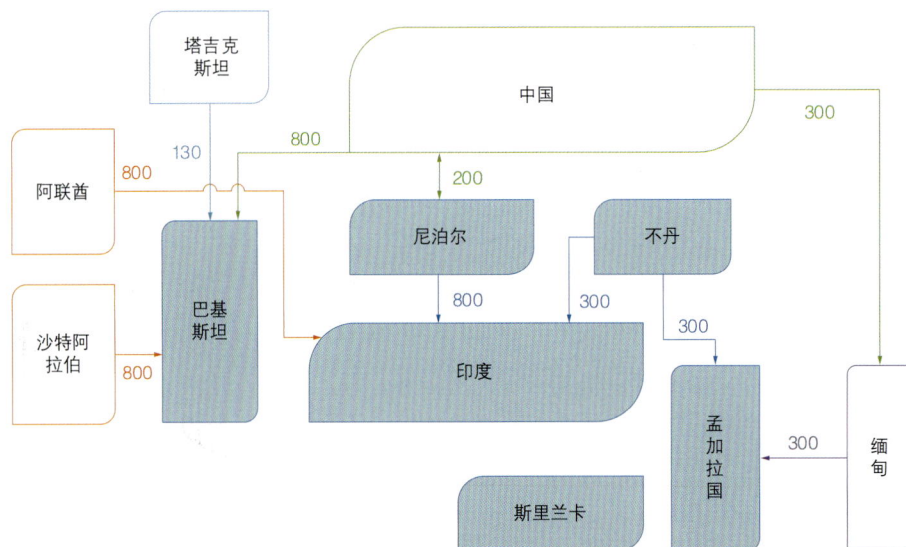

图 4-2 2035 年南亚电力流示意图（单位：万千瓦）

预计 2050 年， 南亚跨区电力流 7030 万千瓦，其中从西亚受入电力 2800 万千瓦，巴基斯坦和印度分别从中国受入电力 1200 万千瓦和 1600 万千瓦，印度和孟加拉国分别受入缅甸 800 万千瓦和中国 300 万千瓦电力等。区内跨国电力流 3650 万千瓦，其中尼泊尔和不丹电力外送规模分别提升至 1500 万千瓦和 2000 万千瓦，印度送斯里兰卡电力 150 万千瓦。2050 年南亚电力流如图 4-3 所示。

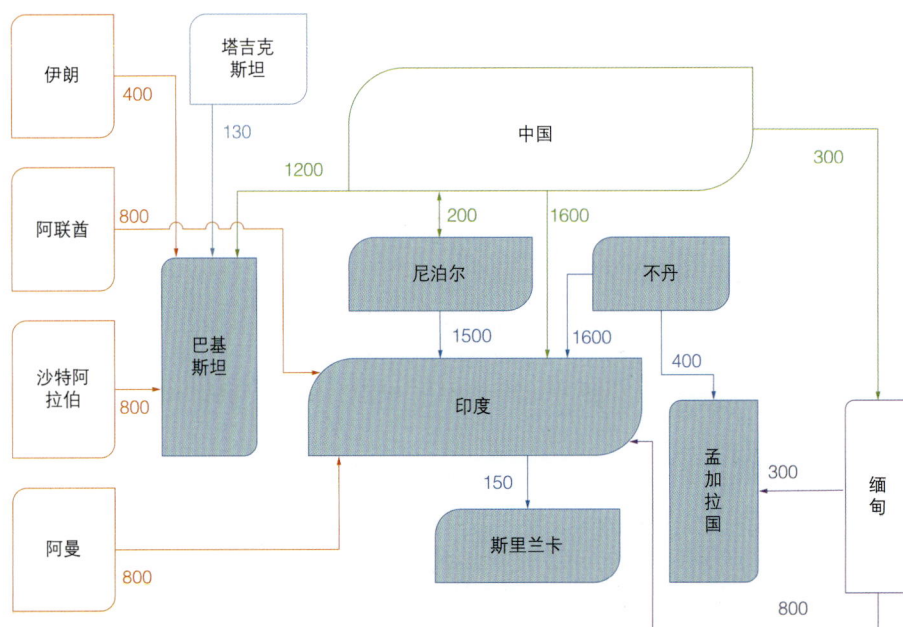

图 4-3 2050 年南亚电力流示意图（单位：万千瓦）

4.2 电网互联方案

4.2.1 总体格局

结合各国电网发展和大型清洁能源基地情况，通过跨国跨区输电通道建设，将清洁能源送至负荷中心，**预计 2050 年南亚基本形成"一横三纵"的电网互联格局。**

横向通道向西连接西亚阿拉伯半岛的太阳能基地、向东连接中国、东南亚的水电基地，中间覆盖印度北部和孟加拉国的负荷中心。**北纵通道**连接中亚塔吉克斯坦、中国与巴基斯坦，将中亚水电、中国西部风电送至巴基斯坦北部负荷中心。**西纵通道**沿阿拉伯海连接印度西部、南部，将塔尔沙漠太阳能、风能向南部输送。**东纵通道**沿孟加拉湾连接印度东部、南部，将印度东部电力送至印度南部负荷中心，经保克海峡连接印度与斯里兰卡。南亚电网互联总体格局如图 4-4 所示。

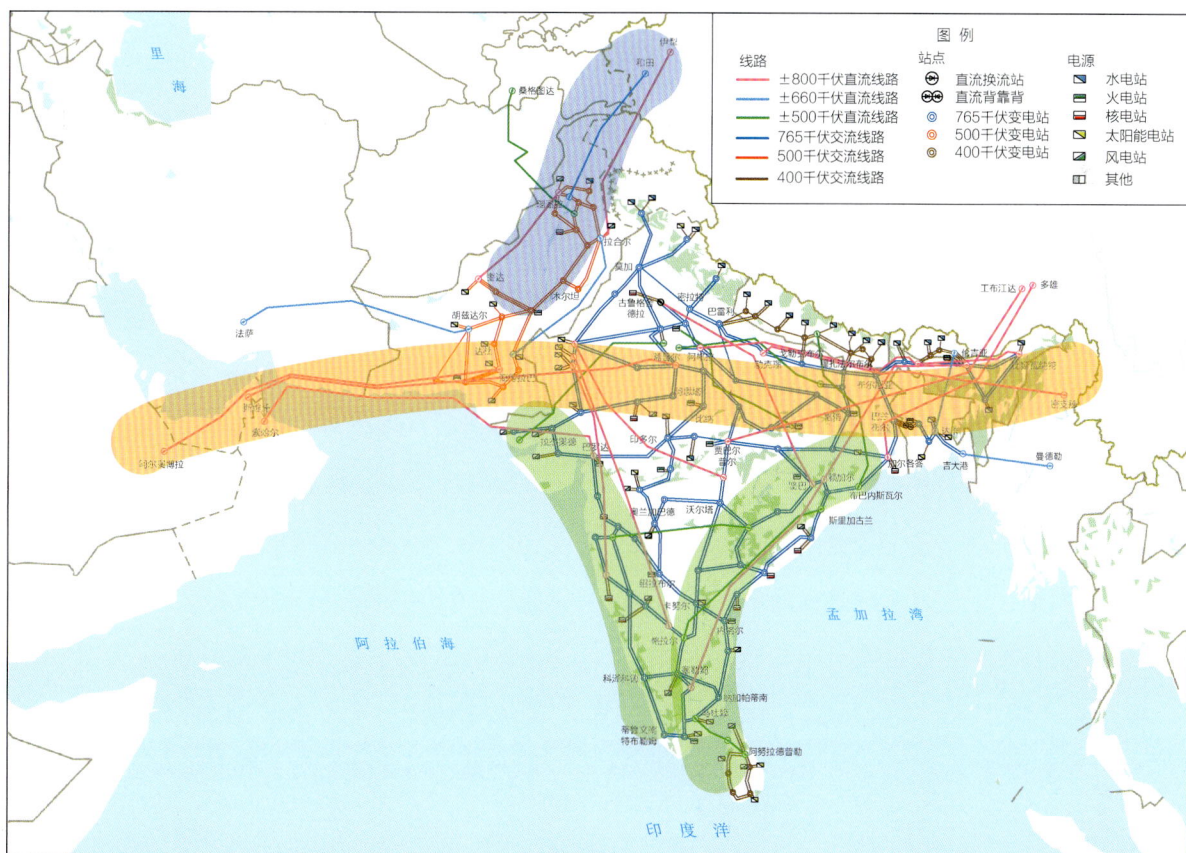

图 4-4　南亚电网互联总体格局示意图

印度电网现状

2017年，印度用电量1.2万亿千瓦时，最大负荷1.7亿千瓦，电源装机容量3.3亿千瓦。印度电网由5个区域电网组成，如图1所示。其中北部电网用电量最大，2017年用电量3565亿千瓦时，占全国用电量的31%，装机总容量7910万千瓦，占全国装机总容量的24%，由于印度的资源分布不均，北部电网的发电量远远赶不上用电量，常年处于缺电状态，需要从其他区域输入电力。西部电网是装机容量最大的区域电网，用电量第二大电网，2017年用电量3523亿千瓦时，占全国用电量的30%，装机总容量11609万千瓦，占全国装机总容量的36%，由于煤矿资源丰富，建设有大量火电基地，是北部电网的能源供给之一。南部电网是可再生能源占比最高的区域电网，2017年用电量3070亿千瓦时，占全国用电量的26%，装机总容量8739万千瓦，占全国装机总容量的27%，可再生能源装机容量占比约47%。东部、东北部电网规模较小，东部电网2017年用电量1283亿千瓦时，占全国用电量的11%，装机总容量4022万千瓦，占全国装机总容量的12%；东北部电网2017年用电量158亿千瓦时，占全国用电量的1%，装机总容量389万千瓦，占全国装机总容量的1%。

各区域电网之间已经实现同步互联，东部、北部、西部和南部电网之间通过多回765、400千伏及以下电压等级的交流线路互联；东北部与东部主要通过4回400千伏交流和1回±800千伏特高压直流互联。

为实现电能资源在全国的优化配置，提高输电能力，印度电网规模不断扩大，最高电压等级不断提升。2013年年底，印度实现765千伏全国同步互联，承载从东、北向西、南的电力流。印度目前主要开发东部的煤矿资源，以及北部和东北部的水力资源，主要负荷中心及人口稠密地区则集中在北部、南部和西部地区。因此，印度电网总体电力流向呈现出"东电西送"的格局。为提高远距离、大容量电力交换能力，电网最高电压不断升高。1950—1960年，印度电网电压等级最高132千伏，随着输送容量和输送距离的增加，1960—1970年逐步升高到220千伏，1977年出现400千伏电压等级。2007年，为解决恰蒂斯加尔邦Bilaspur地区的煤电基地送出及中央邦Seoni工业区的用电问题，印度首个765千伏变电站和线路投运，线路全长351千米，输电容量150万千瓦。为满足东北部水电基地向北部电网大规模送电需求，2015年9月，印度

第一条 ±800 千伏特高压直流输电工程投运，线路长度 1728 千米，输电容量 600 万千瓦。目前，还有 2 个 ±800 千伏特高压直流输电工程在建。

印度电网仍处于成长期，亟须解决电力供需紧张等问题。随着人均用电量和电力可及率的提高，印度电力需求将持续增加，电力供需矛盾更加凸显。未来，印度将继续加强孟买、德里等负荷中心的 765 千伏交流环网，扩展东电西送电力通道，解决发输配不协调的问题，重视配电侧的建设，彻底消除无电人口。

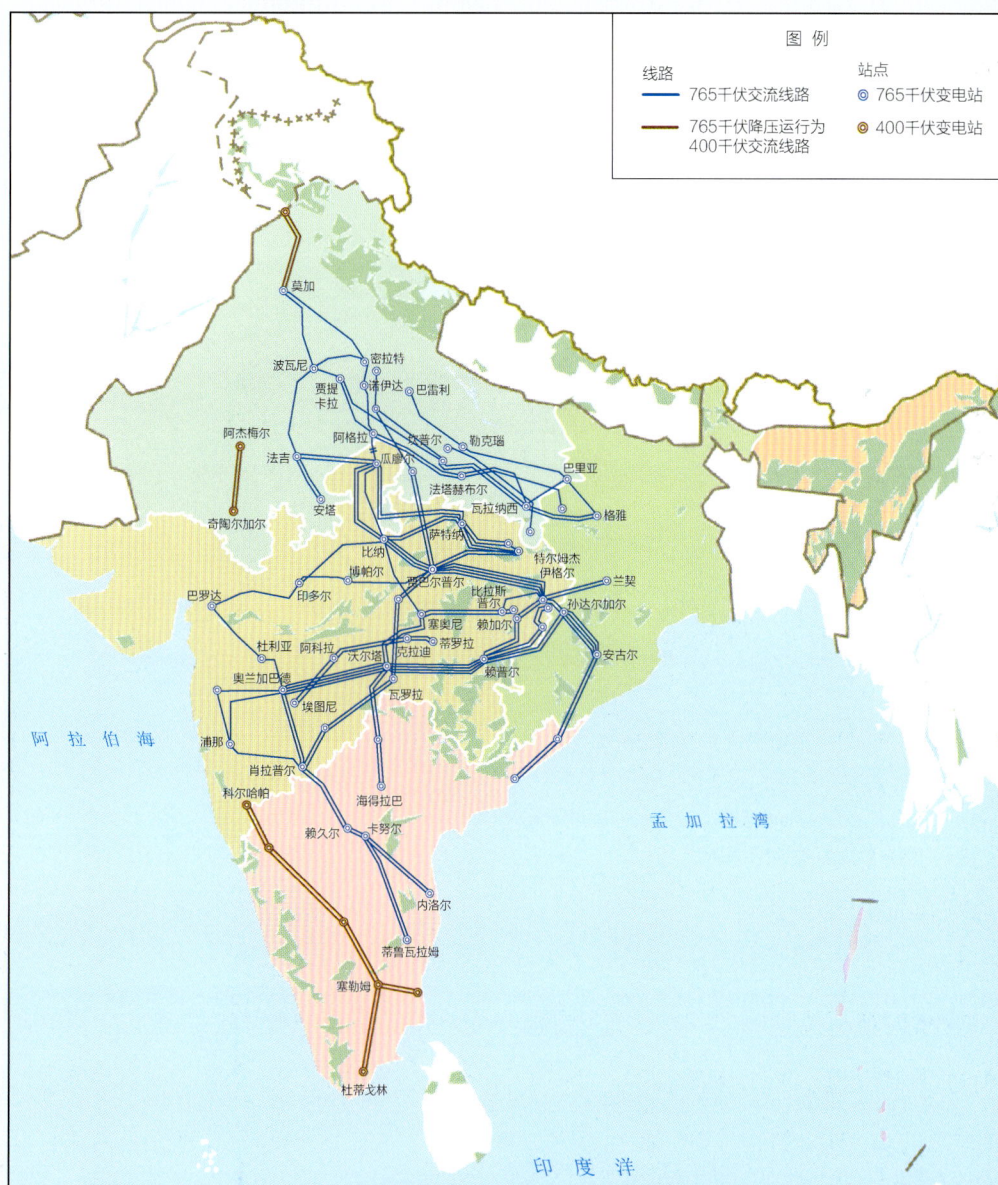

图 1　印度电网分区及互联示意图

4.2.2　互联方案

　　预计 2035 年，南亚初步形成横跨印度北部及孟加拉国、向西连接西亚、向东连接东南亚中南半岛、中国西南的横向通道，以及由巴基斯坦向北连接中国新疆的北纵、孟加拉国—印度东部—印度南部的东纵通道，**形成"汇集东西、北电南供"的"一横两纵"格局。**2035 年南亚电网互联如图 4-5 所示。

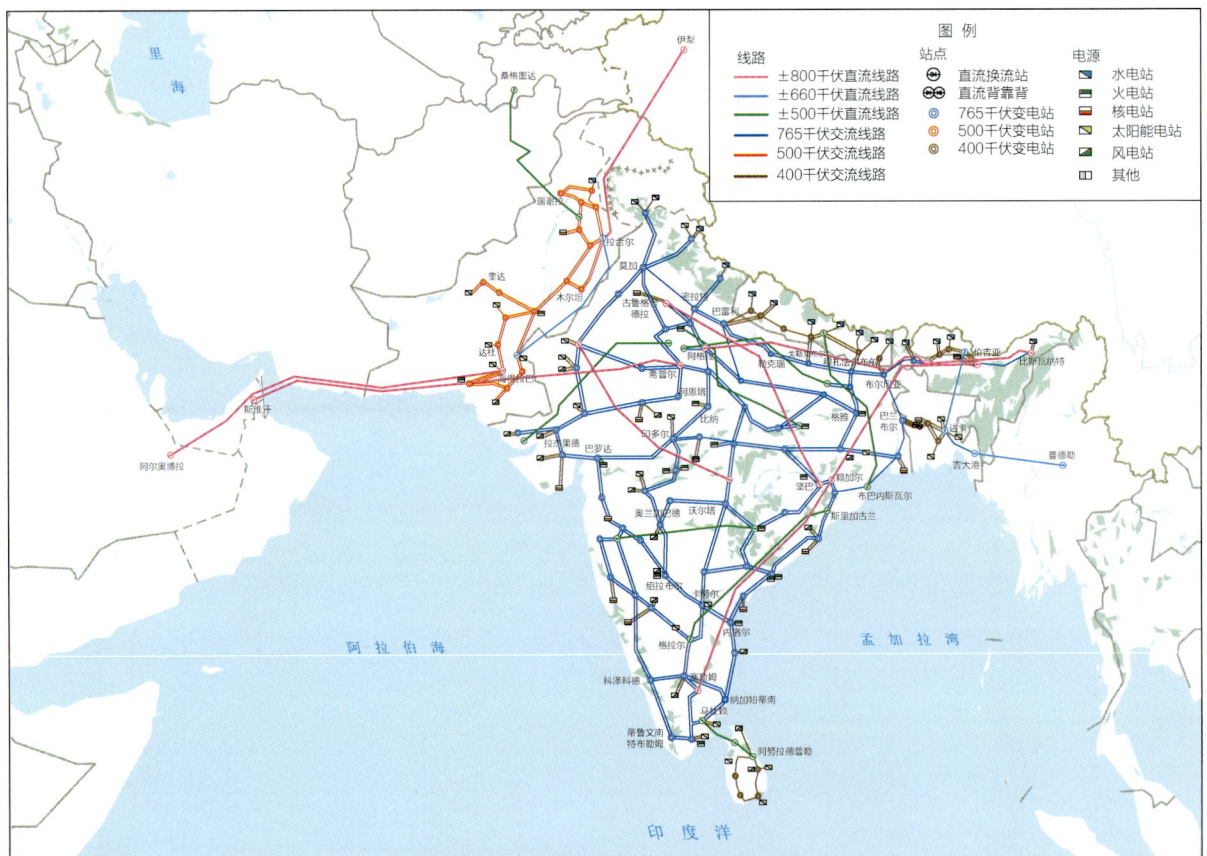

图 4-5　2035 年南亚电网互联示意图

跨区 南亚通过中国保山—缅甸曼德勒—孟加拉国吉大港 ±660 千伏直流线路受入中国西南水电，通过沙特阿拉伯阿尔奥伯拉—巴基斯坦海得拉巴和阿联酋斯维汗—印度斋普尔 ±800 千伏直流受入西亚太阳能，通过中国新疆—巴基斯坦拉合尔 ±800 千伏和塔吉克斯坦桑格图达—巴基斯坦瑙谢拉 ±500 千伏直流工程受入中国和塔吉克斯坦电力，通过中国—尼泊尔背靠背工程与中国西南电网互联。

区内 印度、尼泊尔和不丹三国建成紧密的 400 千伏交流同步电网，满足尼泊尔、不丹水电消纳；孟加拉国与印度、不丹异步互联。**印度**初步形成覆盖全国的 765 千伏网架，首都新德里周边地区的 765 千伏交流电网得到进一步加强，并向北部延伸，连接北部水电基地；南部地区初步建成 765 千伏主干网架，提高受入电力能力；西部提高孟买沿海城市圈负荷中心受电能力，满足负荷增长需求。印度各地区间，通过 3 条 ±800 千伏直流线路将东北部和北部水电基地电力外送至主要负荷中心。**尼泊尔和不丹**配合水电外送，分别建设多条 400 千伏交流通道向外送出电力。**孟加拉国**形成围绕首都达卡并延伸至吉大港的 400 千伏交流网架，与印度通过直流背靠背互联。**斯里兰卡**建成连接中部和西部 400 千伏交流网架，并延伸至北部风光基地。**巴基斯坦**形成南北向 500 千伏骨干网架，并通过 ±660 千伏直流线路连接南部清洁能源基地与北部负荷中心。

预计 2050 年，南亚"一横两纵"通道进一步加强，与西亚、东南亚互联容量进一步扩大，并建成印度西部至南部的西纵通道，**形成"一横三纵"格局**。2050 年南亚电网互联如图 4-6 所示。

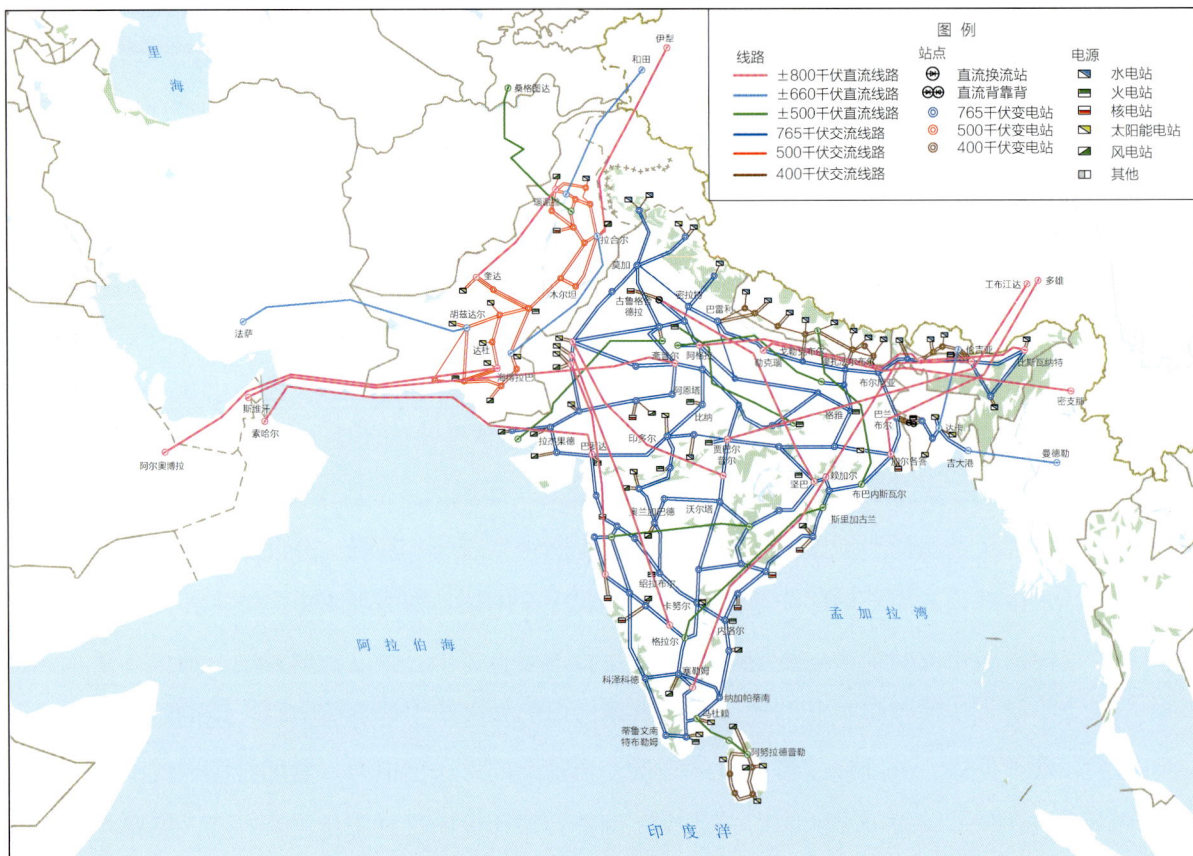

图 4-6　2050 年南亚电网互联示意图

跨区 新增缅甸密支那—印度勒克瑙 ±800 千伏直流线路与东南亚互联。新增阿曼索哈尔—印度巴罗达 1 条 ±800 千伏和伊朗法萨—巴基斯坦胡兹达尔 1 条 ±660 千伏直流线路与西亚太阳能基地相连。新增中国工布江达—印度贾巴尔普尔、中国多雄—印度加尔各答 2 条 ±800 千伏直流线路、中国新疆—巴基斯坦瑙谢拉 ±660 千伏直流线路。

印孟尼不 4 国互联进一步加强，斯里兰卡与南亚大陆通过海底直流互联。**印度**建成覆盖首都新德里、西海岸孟买、东南沿海金奈和东部加尔各答四大城市圈的 765 千伏受端电网，形成坚强的全国 765 千伏交流电网，扩大各区域间的电力交换能力。配套塔尔沙漠太阳能、风电基地开发，建设 ±800 千伏特高压直流线路送电至南部负荷中心。**尼泊尔**配套北部水电站建设形成 400 千伏东西向骨干通道，南部负荷中心形成 400 千伏受端环网。**孟加拉国**进一步增强 765 千伏电网输送能力，满足首都达卡及周边负荷增长需求。**斯里兰卡**将建成覆盖全国的 400 千伏交流环网，将北部风光基地电力送往西南部科伦坡、汉班托塔港，并通过 ±500 千伏直流线路与印度互联。**巴基斯坦**围绕北部旁遮普、南部瓜达尔港两个负荷中心分别形成 500 千伏交流环网，提高电网稳定性，就近受入南部风光基地、北部水电基地电力，南北部间形成 3 回交直流输电通道，实现南北互济。

4.3　重点互联互通工程

南亚电网重点互联互通工程，包括电压等级、线路长度、路径选择、投资及输电价测算。

1　东南亚—南亚互联工程

中国保山—缅甸曼德勒—孟加拉国吉大港 ±660 千伏直流输电工程，定位将中国云南水电外送缅甸和孟加拉国，拟采用 ±660 千伏直流，输送容量 400 万千瓦，线路长度约 1150 千米，预计 2035 年前建成。工程总投资约 15.5 亿美元，输电价约 1.08 美分 / 千瓦时。

缅甸密支那—印度勒克瑙 ±800 千伏直流输电工程，定位将缅甸水电外送印度，拟采用 ±800 千伏直流，输送容量 800 万千瓦，线路长度约 2000 千米，预计 2050 年前建成。工程总投资约 38.2 亿美元，输电价约 1.32 美分 / 千瓦时。

东南亚—南亚互联工程如图 4-7 所示。

图 4-7 东南亚—南亚互联工程示意图

2 西亚—南亚互联工程

沙特阿拉伯阿尔奥伯拉—巴基斯坦海得拉巴 ±800 千伏直流输电工程，定位将沙特阿拉伯太阳能外送巴基斯坦，拟采用 ±800 千伏直流，输送容量 800 万千瓦，线路长度约 2200 千米，其中跨海长度 100 千米，预计 2035 年前建成。工程总投资约 45.5 亿美元，输电价约 1.57 美分 / 千瓦时。

阿联酋斯维汗—印度斋普尔 ±800 千伏直流输电工程，定位将阿联酋太阳能外送印度，拟采用 ±800 千伏直流，输送容量 800 万千瓦，线路长度约 2300 千米，其中跨海长度 100 千米，预计 2035 年前建成。工程总投资约 46.4 亿美元，输电价约 1.60 美分 / 千瓦时。

阿曼索哈尔—印度巴罗达 ±800 千伏直流输电工程，定位将阿曼太阳能外送印度，拟采用 ±800 千伏直流，输送容量 800 万千瓦，线路长度约 2300 千米，其中跨海长度 1000 千米，预计 2050 年前建成。工程总投资约 88.9 亿美元，输电价约 3.08 美分 / 千瓦时。

伊朗法萨—巴基斯坦胡兹达尔 ±660 千伏直流输电工程，定位将伊朗太阳能外送巴基斯坦，拟采用 ±660 千伏直流，输送容量 400 万千瓦，线路长度约 1400 千米，预计 2050 年前建成。工程总投资约 16.8 亿美元，输电价约 1.17 美分 / 千瓦时。

西亚—南亚互联工程如图 4-8 所示。

3 中亚—南亚互联工程

塔吉克斯坦桑格图达—巴基斯坦瑙谢拉 ±500 千伏直流输电工程，定位将塔吉克斯坦水电外送巴基斯坦，拟采用 ±500 千伏直流，输送容量 130 万千瓦，线路长度约 750 千米，预计 2035 年建成。工程总投资约 5.9 亿美元，输电价约 1.26 美分 / 千瓦时。

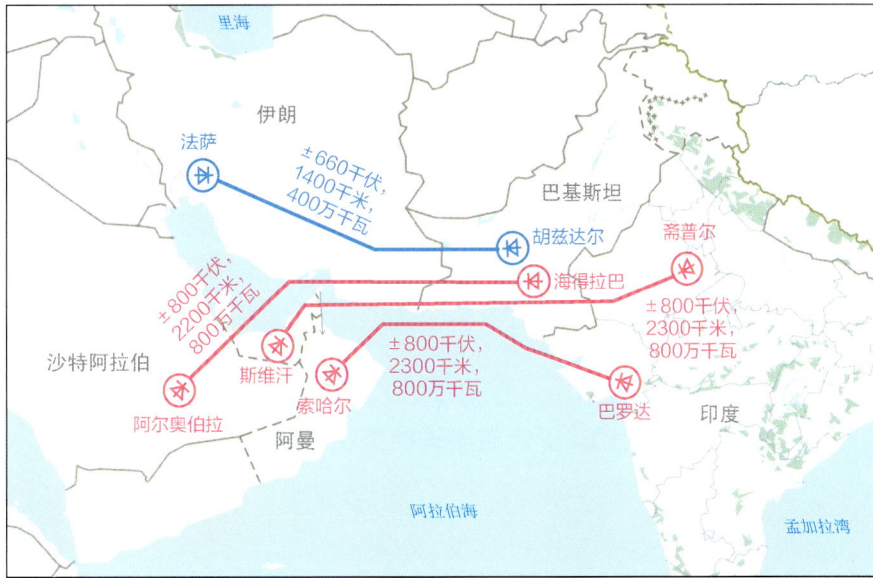

图 4-8 西亚—南亚互联工程示意图

中亚—南亚互联工程如图 4-9 所示。

图 4-9 中亚—南亚互联工程示意图

4 东亚—南亚互联工程

中国伊犁—巴基斯坦拉合尔 ±800 千伏直流输电工程,定位将中国新疆风电和太阳能外送巴基斯坦,拟采用 ±800 千伏直流,输送容量 800 万千瓦,线路长度约 2000 千米,预计 2035 年前建成。工程总投资约 38.2 亿美元,输电价约 1.32 美分 / 千瓦时。

中国和田—巴基斯坦瑙谢拉 ±660 千伏直流输电工程,定位将中国新疆太阳能外送巴基斯坦,拟采用 ±660 千伏直流,输送容量 400 万千瓦,线路长度约 1000 千米,预计 2050 年前建成。工程总投资约 14.7 亿美元,输电价约 0.51 美分 / 千瓦时。

中国多雄—印度加尔各答 ±800 千伏直流输电工程,定位将中国西藏东南水电外送印度,拟采用 ±800 千伏直流,输送容量 800 万千瓦,线路长度约 1600 千米,预计 2050 年前建成。工程总投资约 34.6 亿美元,输电价约 1.20 美分 / 千瓦时。

中国工布江达—印度贾巴尔普尔 ±800 千伏直流输电工程,定位将中国西藏东南水电外送印度,拟采用 ±800 千伏直流,输送容量 800 万千瓦,线路长度约 2000 千米,预计 2050 年前建成。工程总投资约 38.2 亿美元,输电价约 1.32 美分 / 千瓦时。

东亚—东南亚互联工程如图 4-10 所示。

图 4-10　东亚—南亚互联工程示意图

4.4 投资估算

4.4.1 投资估算原则

南亚能源互联网投资包括电源投资和电网投资两部分。电源投资根据单位容量投资成本和投产容量进行测算，电网投资根据各电压等级电网投资造价进行估算。

电源投资方面，根据各类电源技术发展趋势，结合国际能源署、彭博新能源财经等国际能源机构相关研究成果，预测 2035、2050 年各类电源单位容量投资成本。预计到 2050 年，太阳能、风电单位投资成本较 2016 年 ❶ 分别降低 60% 和 50%。各水平年各类电源单位投资成本预测见表 4-1。

表 4-1　各水平年各类电源单位投资成本预测

单位：美元 / 千瓦

电源类型	2035 年	2050 年
火电	700	750
水电	2600	2000
光伏	500（基地成本：400）	280（基地成本：230）
光热	3380	2760
陆上风电	850（基地成本：680）	650（基地成本：520）
海上风电	1260	1060
核电	5500	5500
生物质能及其他	4300	4000

电网投资方面，特高压电网主要参考中国、巴西等同类工程造价进行测算，并结合南亚工程造价实际情况进行调整，各电压等级电网单位投资参数见表 4-2。南亚各区域 765/500/400 千伏电网与 345 千伏及以下电网投资规模比例按 1∶5 考虑。

---

❶ 2016 年风光单位投资成本引自美国可再生能源国家实验室，单位投资集中式光伏 1800 美元 / 千瓦，光热 7800 美元 / 千瓦，陆上风电 1500 美元 / 千瓦，海上风电 3800 美元 / 千瓦。

表 4-2　各电压等级电网单位投资参数

工程类别	变电站、换流站（美元／千伏安、美元／千瓦）	线路（万美元／千米）	海底电缆❶（万美元／千米）
1000 千伏交流	67	83	—
765 千伏交流	41	53	—
500 千伏交流	39	34	—
400 千伏交流	33	22	—
±500 千伏直流	118	38	250
±660 千伏直流	119	52	300
±800 千伏直流	126	90	440

4.4.2　投资估算结果

2020—2050 年，南亚能源互联网总投资约 5.5 万亿美元，其中电源投资约 4.1 万亿美元，占总投资的 75%。电网投资约 1.4 万亿美元，占总投资的 25%。南亚能源互联网投资规模与结构如图 4-11 所示。

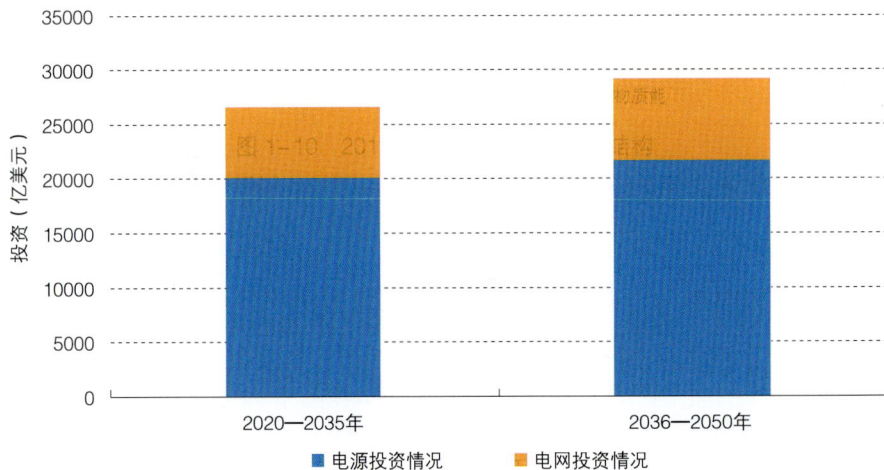

图 4-11　南亚能源互联网投资规模与结构

2020—2050 年南亚电源和电网投资规模与结构如图 4-12 和图 4-13 所示。

---

❶ 表中数据适用于水深小于 100 米的浅海区域。根据实际调研，对于 100~200 米海深的海缆工程，粗略估计造价上浮约 25%，对于 200 米以上海深的海缆工程，造价需进一步上浮约 30%。

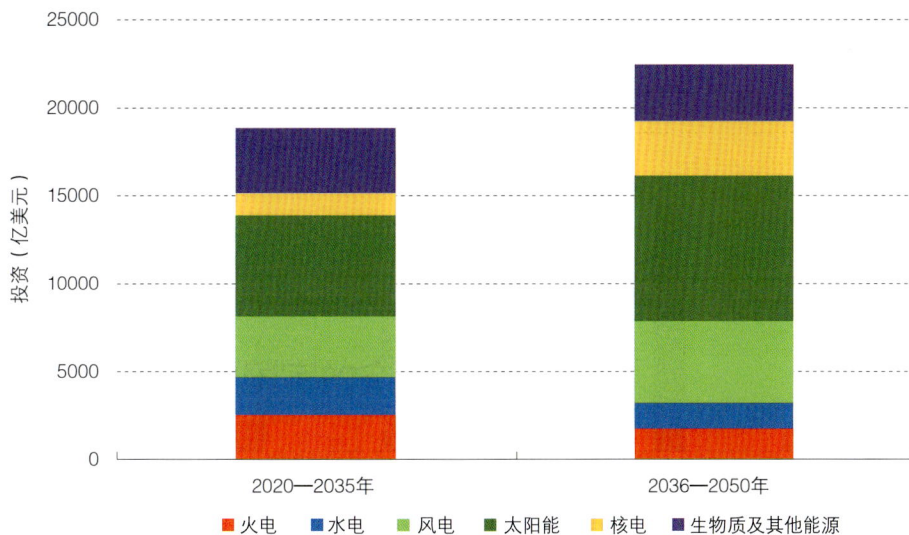

图 4-12　2020—2050 年南亚电源投资规模与结构

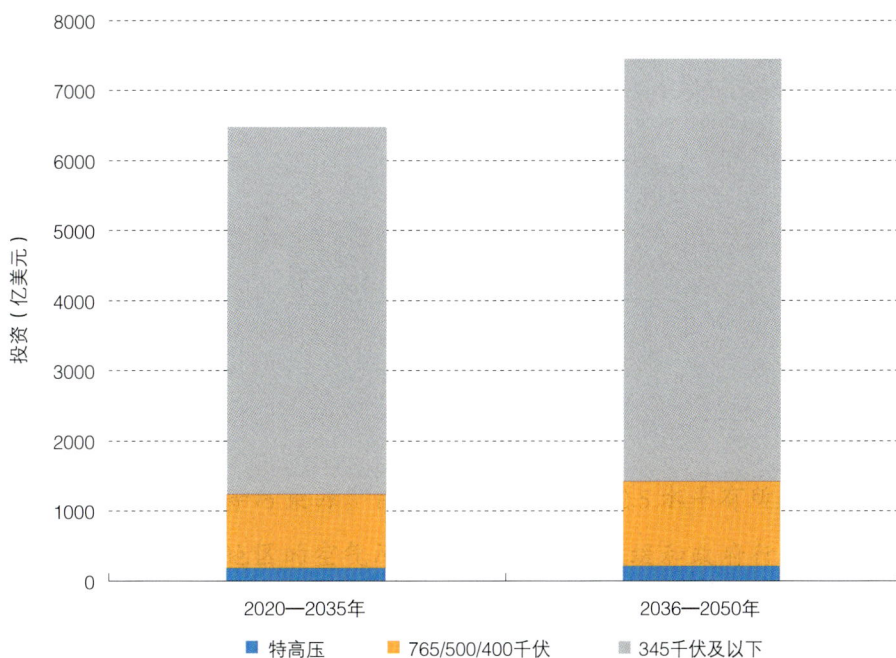

图 4-13　2020—2050 年南亚电网投资规模与结构

2020—2035 年，南亚能源互联网投资约 2.54 万亿美元。电源投资约 1.9 万亿美元，占比 76%。电网投资约 0.64 万亿美元，其中特高压电网投资约 0.02 万亿美元，400～765 千伏电网投资约 0.1 万亿美元，345 千伏及以下电网投资约 0.52 万亿美元。

2036—2050 年，南亚能源互联网投资约 2.96 万亿美元。电源投资约 2.2 万亿美元，占比 74%。电网投资约 0.76 万亿美元，其中特高压电网投资约 0.02 万亿美元，400～765 千伏电网投资约 0.12 万亿美元，345 千伏及以下电网投资约 0.62 万亿美元。

Chapter **5**

综合效益

南亚能源互联网是推动南亚经济发展、社会进步、环境改善与政治和谐的重要举措，综合价值和效益显著。

5.1 经济效益

满足用能增长需求，拉动经济快速增长。南亚能源互联网将提供一个可靠、经济的能源供应体系，通过大规模开发清洁能源、实现大范围资源配置，构筑能源发展新格局。预计到 2050 年，南亚能源互联网总投资 5.5 万亿美元，对经济增长的贡献率可达 2.1%。

释放科技创新红利，带动新兴技术产业。能源电力互联互通将全面推动战略性新兴产业发展，有力促进南亚各国工业化进程，在新能源开发与输送、新材料、通信、人工智能等新兴技术领域产生集成式、聚合式的突破。同时，推动不同产业间发生融合，新的制造模式与服务外包、电子商务、跨国电力市场等新的商业模式融合共进，加速制造业发展和升级。

5.2 社会效益

消除无电人口，提高生活水平。通过构建南亚能源互联网、规模化的电力扶贫，将大幅度提高城市、乡镇乃至偏远村落的供电服务能力，推动实现联合国提出的"人人享有可持续能源"的目标。预计 2035 年，南亚地区可以基本解决无电人口的供电问题。

促进社会全面发展。推动清洁能源发电、特高压输电、大规模储能，以及智能配电网和微电网等技术实现突破和广泛应用，同时也通过电力的互联互通，带动基础设施建设，提高教育、医疗水平。通过南亚能源互联网建设，解决能源供应问题，满足人民生产生活需要，实现脱贫致富全面发展。

提高研发水平，增加就业机会。超 / 特高电压输电、柔性直流输电、海缆等技术的发展，将提升相关输变电设备制造企业的竞争能力。以建设区域电网为契机，通过科技进步和自主创新推动电力工业的技术升级，带动相关产业发展，形成产业规模，将显著提升南亚输电装备制造业的自主创新能力。预计到 2050 年，南亚能源互联网建设将拉动上下游产业累计新增就业约 6000 万个。

5.3 环境效益

减少温室气体排放。化石能源利用是二氧化碳排放的主要来源，约占二氧化碳总排放量的 85%。南亚经济社会发展快，能源需求增长潜力大，二氧化碳排放量大，加速清洁能源开发利用，有效控制能源利用方面的二氧化碳排放，是应对气候变化的关键。建设南亚能源互联网，以电网互联互通加速清洁能源高效、规模化开发利用，可以实现清洁能源优化配置和快速发展。通过"清洁替代"从源头上控制温室气体排放，通过"电能替代"促进各终端部门减排，从而实现温控目标。构建南亚能源互联网，预计到 2035 年能源系统年二氧化碳排放降至约 35 亿吨，较政策延续情景减少 34%；2050 年能源系统年二氧化碳排放进一步降至约 18 亿吨，较政策延续情景减少 71%，如图 5-1 所示。

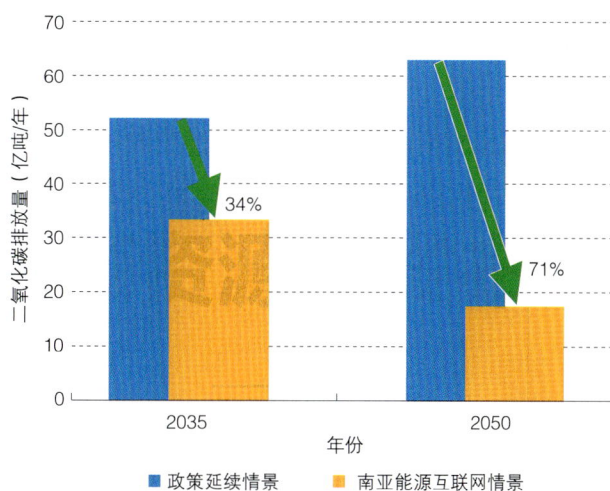

图 5-1　南亚能源互联网碳减排效益

减少气候相关灾害。气候灾害主要包括干旱灾害、洪涝灾害、风灾等，是由气候原因引起的自然灾害。构建南亚能源互联网，从源头上减少温室气体排放，减缓全球和区域气候系统的异常变化和极端事件，有效降低南亚沿海地区，特别是易受海平面上升影响的小岛屿的气候灾害发生风险；利用先进输电、智能电网技术，提升能源电力基础设施防灾能力和气候韧性，大力推进电力普及，促进解决无电人口的用电问题，减少因气候灾害造成的经济损失和人员伤亡。

减少大气污染物排放。二氧化硫、氮氧化物和细颗粒物是全球三大主要空气污染物，化石能源消费是造成空气污染的重要原因。南亚地区长期以来受空气污染问题困扰，构建南亚能源互联网，实施"清洁替代"，促进清洁能源大规模开发利用，从污染源头上直接减少化石能源生产、使用、转化全过程的空气污染物排放，实现以清洁、经济、高效方式破解"心肺之患"；实施"电能替代"，推动工业、交通、生活部门使用的煤炭、石油和天然气被清洁电力取代，减少工业废气、交通尾气、生活和取暖废气等排放，深度挖掘和释放各行业减排潜力，实现终端用能联动升级、空气污染联动治理。预计到 2035 年，与政策延续情景相比，每年可减少排放二氧化硫 410 万吨、氮氧化物 120 万吨、细颗粒物 80 万吨，如图 5-2 所示；到 2050 年，与政策延续情景相比，每年可减少排放二氧化硫 950 万吨、氮氧化物 670 万吨、细颗粒物 200 万吨，如图 5-3 所示。

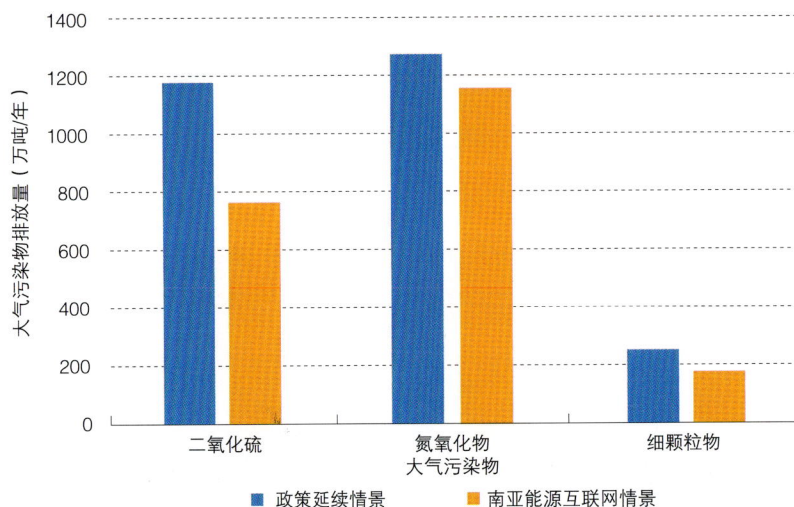

图 5-2　2035 年南亚能源互联网大气污染物减排效益

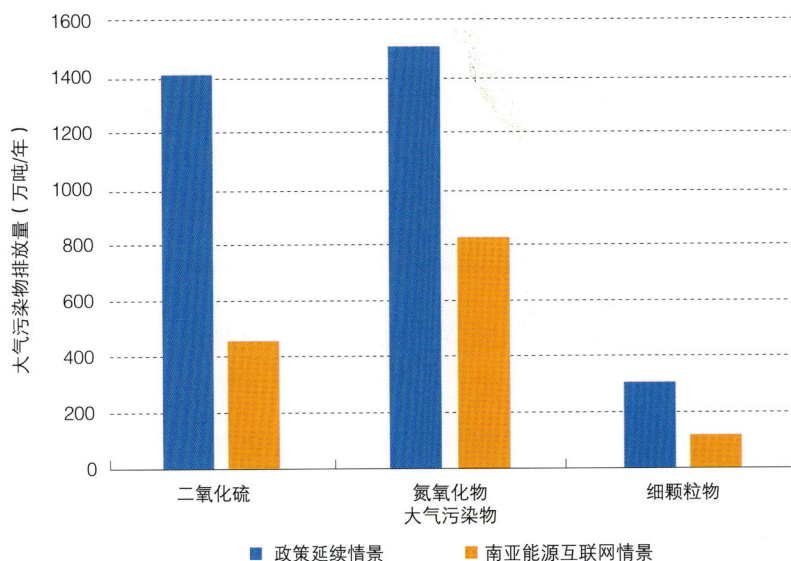

图 5-3　2050 年南亚能源互联网大气污染物减排效益

提高土地资源价值。 提高土地资源价值主要是指在荒漠化土地等人类未利用的土地上统筹开发清洁能源,提升土地经济价值,节约高价值土地的占用,实现经济社会发展与环境保护的有机结合。构建南亚能源互联网,在塔尔沙漠等土地贫瘠、清洁能源资源丰富地区开发风能、太阳能等,增加地表粗糙度和覆盖度,促进区域降水并有效降低土壤水分蒸发量,促进荒漠土地恢复;通过互联互通将荒漠地区的清洁电能送至负荷地区,将生态环境劣势转化为资源开发利用优势,通过清洁能源外送、产业结构升级、资源协同开发等综合措施推动实施植树造林、改善土壤质量和建设农业基础设施,以保护水土和恢复生态环境。预计到 2035 年,南亚每年可提高土地资源价值 130 亿美元;到 2050 年,南亚每年可提高土地资源价值 400 亿美元。

5.4 政治效益

增强政治互信。通过构建南亚能源互联网，能源安全将从个体安全转向集体安全，区域内各国都将得到最大程度的能源安全保障；国家之间、人民之间的信任关系得到大幅度提升，各种争端将得到有效缓解。

加快区域一体化进程。构建南亚能源互联网，将促进生产的集约化和多元化，使区域内加速形成具有竞争力、包容性的价值链，促进区域生产、贸易一体化，为各领域的深入一体化奠定坚实基础，积蓄强劲动力。

携手共建南亚能源共同体。构建南亚能源互联网，将推动建立区域和次区域的能源电力合作机制，促进各国政府、企业和国际组织紧密合作，确保各国战略、政策和规划能够有效对接；促进各利益相关方在投融资、技术、建设、交易和运行等各个方面开展国际合作，结成牢固的合作伙伴关系。

Chapter 6

实现 1.5 摄氏度温控目标发展展望

为进一步减小全球气候系统风险，降低气候变化对自然和人类社会系统的影响，实现气候安全，《巴黎协定》提出把全球平均气温升幅控制在工业化前水平以上低于 2 摄氏度，并努力将气温升幅限制在工业化前水平以上 1.5 摄氏度之内。为实现 1.5 摄氏度温控目标，南亚各国碳排放需迅速达到峰值并加速下降，力争 2050 年左右实现净零排放。构建南亚能源互联网，通过搭建清洁能源开发、配置和使用的互联互通大平台，能够开发和利用区域内丰富的清洁能源资源和减排潜力，这将为全球进一步把温升控制在 1.5 摄氏度以内提供重要支持。本章通过在能源供应侧加快清洁替代，在能源消费侧加大电能替代力度和深度，合理应用碳捕集与封存及负排放技术，研究和提出南亚能源互联网加快发展情景方案，以促进全球实现 1.5 摄氏度温控目标。

6.1 实施路径

发挥南亚能源需求大、清洁能源资源丰富的优势，将优先发展可再生能源纳入各国能源政策，加大清洁、高效电气化技术普及，持续加强区域能源合作，将有效促进南亚加速能源清洁低碳转型，显著提升应对气候变化的行动力度和减排效果。

6.1.1 清洁替代

能源供应侧加快清洁替代。 充分利用清洁能源发电成本快速下降和南亚能源需求快速增长的机遇，制定更大力度支持清洁能源产业发展的政策，建立更有利于清洁能源规模化、集约化开发和大范围互补、高效利用的机制，迅速提高清洁能源在南亚能源供应中的比重，降低化石能源比重和温室气体排放水平。

水能开发方面 ▶ ⋯⋯⋯⋯⋯⋯⋯⋯⋯⋯⋯⋯⋯⋯⋯⋯⋯⋯⋯⋯⋯⋯
重点开发恒河、印度河和布拉马普特拉河等流域大型水电基地。

风能开发方面 ▶ ⋯⋯⋯⋯⋯⋯⋯⋯⋯⋯⋯⋯⋯⋯⋯⋯⋯⋯⋯⋯⋯⋯
以大规模集中式陆上风电开发为主，以分散式开发及海上开发为辅，重点开发印度西部和南部、巴基斯坦南部和西部及斯里兰卡北部海岸等大型风电基地。

太阳能开发方面 ▶ ⋯⋯⋯⋯⋯⋯⋯⋯⋯⋯⋯⋯⋯⋯⋯⋯⋯⋯⋯⋯⋯
重点开发印度西部和南部、巴基斯坦南部的大型太阳能发电基地。

6.1.2 电能替代

能源消费侧深化电能替代。 加大配套财政补贴和税收减免等政策力度，减少电气设备购置及安装成本，提高电能替代经济性；进一步加大充电站、加氢站等基础设施建设，在工业高温、长距离运输等领域加快电能替代相关技术研发，充分激发终端各部门电能替代潜力，迅速扩大电能消费规模，推动终端用能结构以更快速度调整。

直接电能替代方面

加强电能替代政策性支持，加大电动汽车、电动机械等技术攻关和产业扶持力度，优化基础设施布局，构建新的商业模式和产业生态；在炊事、供暖／制冷等领域加快电代生物质、电供暖、电制冷等技术，扩大用电规模；加快推动动力电池、热泵等关键技术发展与突破，支持工业领域工艺创新，进一步提升直接电能替代经济效益；大力推广电锅炉、电窑炉、热泵、电钻机、电排灌等电能替代应用，激发电能替代市场活力。

间接电能替代方面

积极发展电制氢及燃料电池、电制合成燃料和原材料等新型电气化技术；不断完善相关基础设施建设，提升电制氢、电制合成燃料生产规模，以及运输、配置效率，促进成本快速下降，预计 2040 年左右在金属冶炼、长途客运／货运、航空航海等领域大规模推广应用，进一步提高电气化、清洁化水平。

6.1.3 固碳减碳

推动固碳减碳技术应用。 在更大力度推动能源供应侧清洁替代和能源消费侧电能替代、减少温室气体排放的基础上，进一步通过政策支持积极推动固碳减碳技术研发和商业化、规模化应用，直接减少空气中的温室气体。

碳捕集技术方面

碳捕集与封存技术二氧化碳减排成本正逐步下降，预计到 2030 年初步具备应用经济性，远期将大规模应用于电力热力生产、重工业、化工等领域。为实现 1.5 摄氏度温控目标，火电厂和工业碳排放源将逐步普及配置碳捕集装置。

负排放技术方面

在发电等领域，通过生物质联合碳捕集与封存技术能够实现负排放。生物质发电和生物质燃料技术应用均已初具规模，随着碳捕集与封存技术逐渐具备大规模应用的经济性，生物质联合碳捕集与封存技术机组规模将快速扩大，实现大规模的负排放，促进深度减排。

森林碳汇方面
在印度、马尔代夫等近海的缺水地区，通过海水淡化补充淡水资源，为植被生长提供充足淡水供应保障，促进生态修复，提高固碳能力。

6.2　情景方案

综合考虑南亚清洁发展趋势、经济发展条件、技术创新方向、碳减排形势等方面要求，在前述章节南亚能源互联网促进实现 2 摄氏度温控目标情景方案的基础上，通过加快实施清洁替代、电能替代、固碳减排等方面技术，研究和提出南亚能源互联网促进实现 1.5 摄氏度温控目标情景方案。

6.2.1　能源需求

能源供应侧清洁替代速度加快，化石能源需求提前达到峰值，达到峰值后快速下降。能源消费侧深度电能替代和能源效率提升，电能占终端能源比重大幅度提升。

一次能源需求，按发电煤耗法计算，预计 2035、2050 年需求将分别达到 30.6 亿、42.5 亿吨标煤，2017—2050 年年均增速达到 3.1%。实现 1.5 摄氏度温控目标的南亚一次能源需求预测如图 6-1 所示。

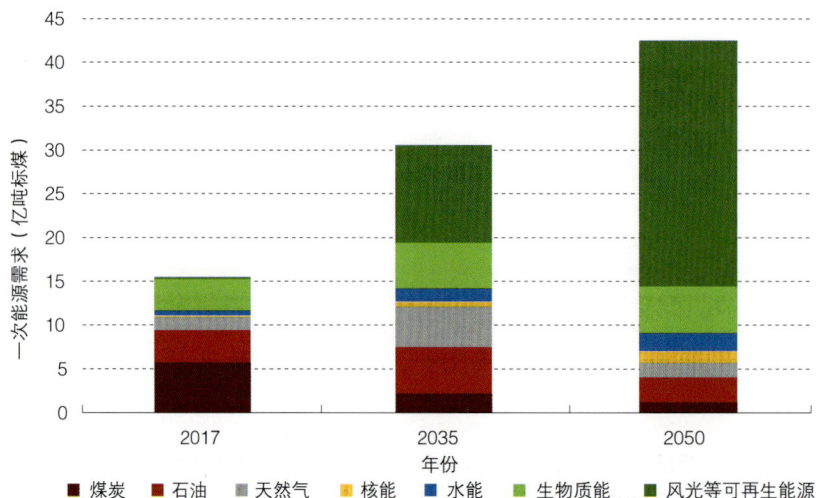

图 6-1　实现 1.5 摄氏度温控目标的南亚一次能源需求预测

南亚清洁替代速度持续加快，清洁能源在一次能源需求结构中的比重持续提升，预计 2035、2050 年清洁能源占一次能源的比重分别提升至 62%、88%。实现 1.5 摄氏度温控目标的南亚清洁能源占一次能源的比重如图 6-2 所示。

终端能源需求，展望期内保持较快增长，预计 2035、2050 年终端能源需求总量分别为 18.8 亿、23.2 亿吨标煤。终端化石能源需求 2035 年后达 7.6 亿吨标煤，之后大幅度下降，2050 年降至 3.6 亿吨标煤。深度电能替代在终端各用能部门加快推进，预计到 2035 年和 2050 年，电能占终端能源的比重分别达到 42% 和 73%。实现 1.5 摄氏度温控目标的南亚终端能源需求预测如图 6-3 所示。

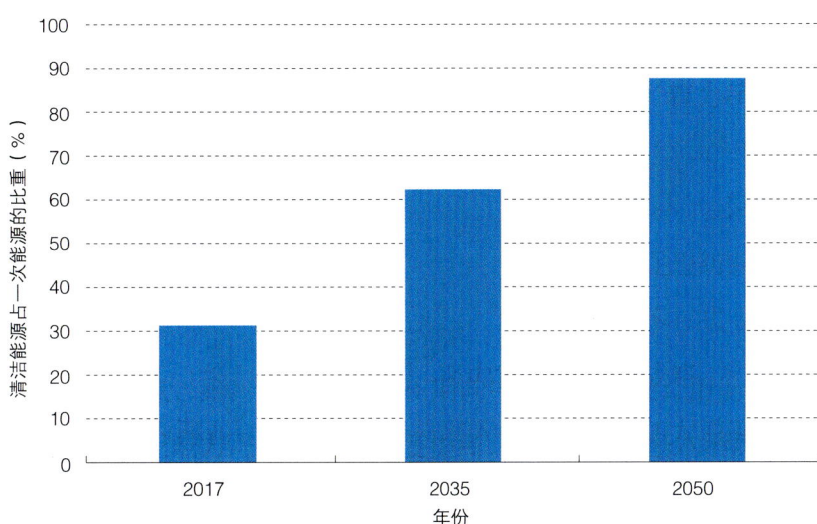

图 6-2　实现 1.5 摄氏度温控目标的南亚清洁能源占一次能源的比重

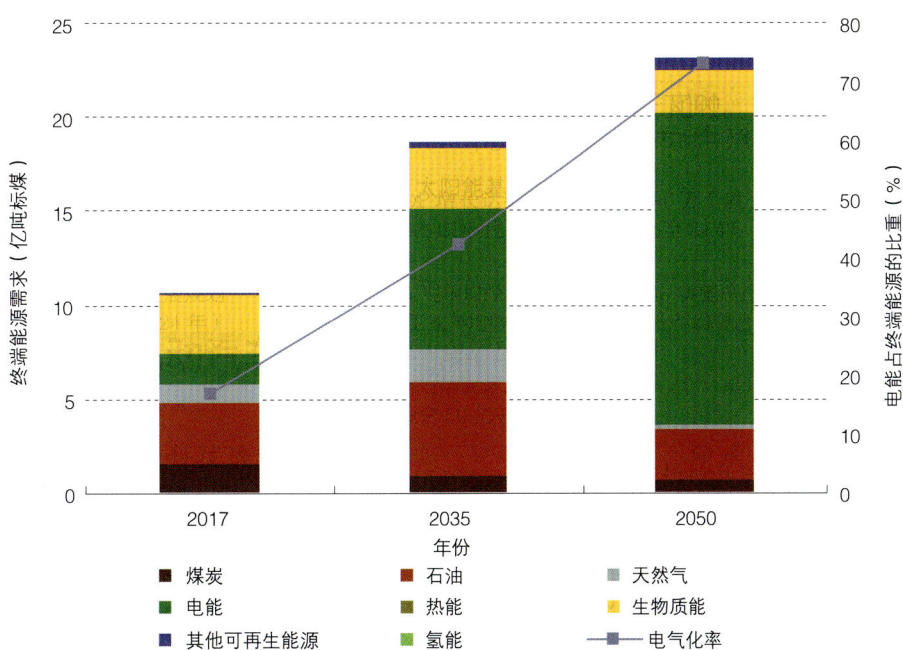

图 6-3　实现 1.5 摄氏度温控目标的南亚终端能源需求预测

6.2.2 电力需求

电力需求总量。预计到 2035 年，南亚总用电量约 6.1 万亿千瓦时，年均增速 8.2%；最大负荷约 9.7 亿千瓦，年均增速 8.4%；年人均用电量约 3000 千瓦时。**预计到 2050 年，**南亚总用电量约 13.5 万亿千瓦时，年均增速 5.4%；最大负荷约 22.3 亿千瓦，年均增速 5.7%；年人均用电量超过 6000 千瓦时。实现 1.5 摄氏度温控目标的南亚电力需求预测如图 6-4 所示。

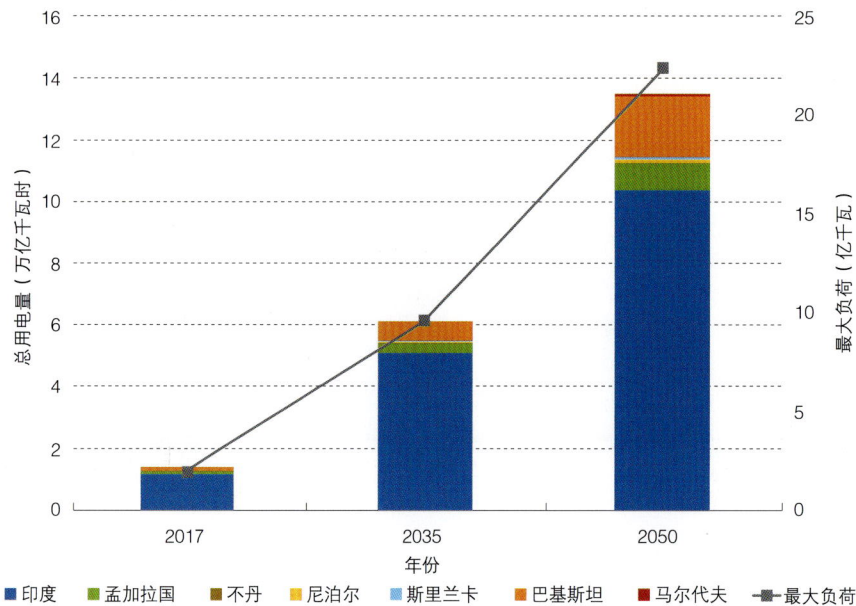

图 6-4　实现 1.5 摄氏度温控目标的南亚电力需求预测

各国用电情况。预计到 2035 年，印度、孟加拉国、尼泊尔、巴基斯坦和其他 3 国用电量分别为 5 万亿、0.3 万亿、0.05 万亿、0.7 万亿千瓦时和 0.05 万亿千瓦时，分别占总用电量的 82.2%、5.5%、0.7%、10.8% 和 0.8%。**预计到 2050 年，**印度、孟加拉国、尼泊尔、巴基斯坦和其他 3 国用电量分别为 10.4 万亿、0.9 万亿、0.1 万亿、2 万亿千瓦时和 0.1 万亿千瓦时，分别占总用电量的 77.1%、6.4%、1.0%、14.6% 和 0.9%。实现 1.5 摄氏度温控目标的南亚各国用电量占比预测如图 6-5 所示。

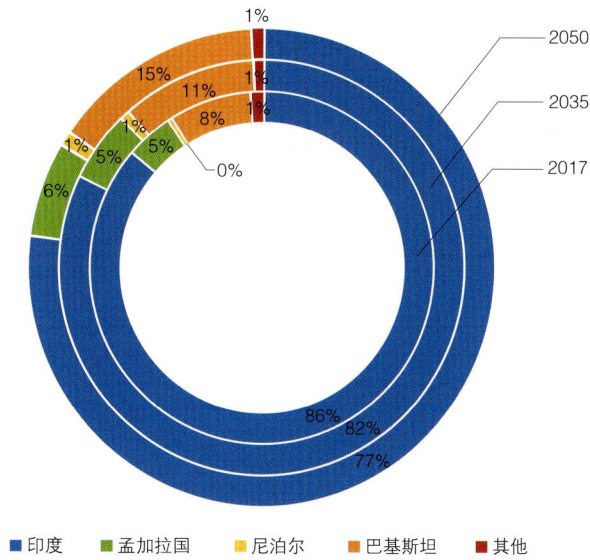

图 6-5　实现 1.5 摄氏度温控目标的南亚各国用电量占比预测

6.2.3　电力供应

南亚清洁能源装机容量占比进一步提高。实现 1.5 摄氏度温控目标的南亚电源装机结构如图 6-6 所示。

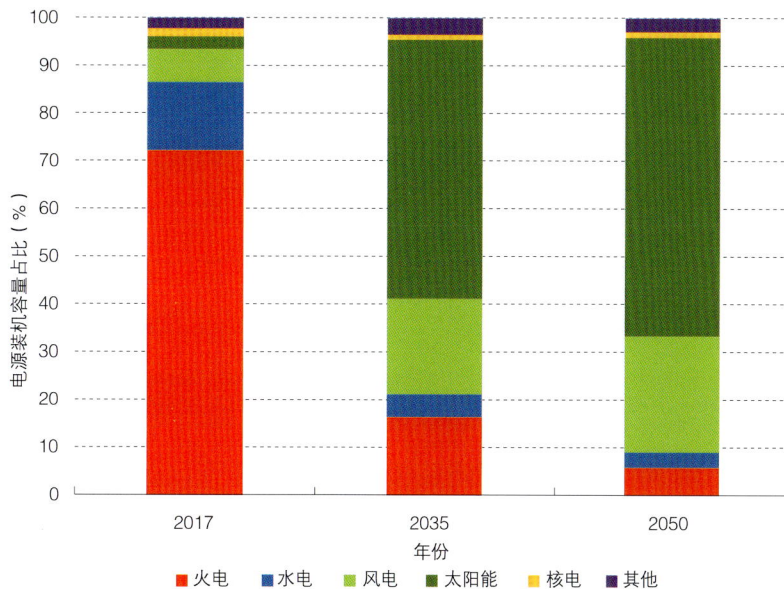

图 6-6　实现 1.5 摄氏度温控目标的南亚电源装机结构

　　电源装机总容量。预计到 2035 年，南亚电源装机容量 29.2 亿千瓦，其中清洁能源装机容量 24.4 亿千瓦，占比由 2017 年的 29% 提升至 84%。风电装机容量 5.9 亿千瓦，占比 20%；太阳能发电装机容量 15.8 亿千瓦，占比 41%；水电装机容量 1.4 亿千瓦，占比 12%；核电装机容量 0.3 亿千瓦，占比 3%。化石能源发电装机总容量 4.8 亿千瓦，占比由 2017 年的 71% 大幅度下降至 16%。清洁能源发电量 4.8 万亿千瓦时，占比由 2017 年的 21% 提升至 76%。**预计到 2050 年，**南亚电源装机总容量 66.4 亿千瓦，其中清洁能源发电装机容量 62.5 亿千瓦，占比提升至 94%。风电装机容量 16.2 亿千瓦，占比 24%；太阳能发电装机容量 41.5 亿千瓦，占比 62.5%；水电装机容量 2.1 亿千瓦，占比 3.2%；核电装机容量 0.84 亿千瓦，占比 1.3%。化石能源发电装机总容量进一步下降至 3.9 亿千瓦。清洁能源发电量 12.9 万亿千瓦时，占比提升至 94%。

　　各国电源装机情况。预计到 2050 年，印度、孟加拉国、尼泊尔、巴基斯坦和其他 3 国电源装机容量分别达到 50.9 亿、4.5 亿、0.7 亿、9.2 亿千瓦和 1 亿千瓦，占南亚装机总容量比重分别为 77%、7%、1%、14% 和 2%。实现 1.5 摄氏度温控目标的南亚各国电源装机展望如图 6-7 所示。

- ● **印度**清洁能源发电装机容量约 47.8 亿千瓦，占比提升至 94%。其中，风电装机容量约 13 亿千瓦，占比 26%；太阳能发电装机容量 31.8 亿千瓦，占比 63%；水电装机容量 0.9 亿千瓦，占比 1.8%。

- ● **孟加拉国**清洁能源发电装机容量约 4.3 亿千瓦，占比提升至 94%。其中，风电装机容量 0.24 亿千瓦，占比 5.3%；太阳能发电装机容量 3.8 亿千瓦，占比 84%；水电装机容量 55 万千瓦，占比 0.1%。

- ● **尼泊尔**清洁能源发电装机容量约 0.7 亿千瓦，占比接近 100%。其中，风电装机容量 500 万千瓦，占比 7%；太阳能发电装机容量 2400 万千瓦，占比 33.6%；水电装机容量 3600 万千瓦，占比 50%。

- ● **巴基斯坦**清洁能源发电装机容量约 8.7 亿千瓦，占比提升至 94%。其中，风电装机容量 2.4 亿千瓦，占比 26%；太阳能发电装机容量 5.4 亿千瓦，占比 58%；水电装机容量 0.6 亿千瓦，占比 6.3%。

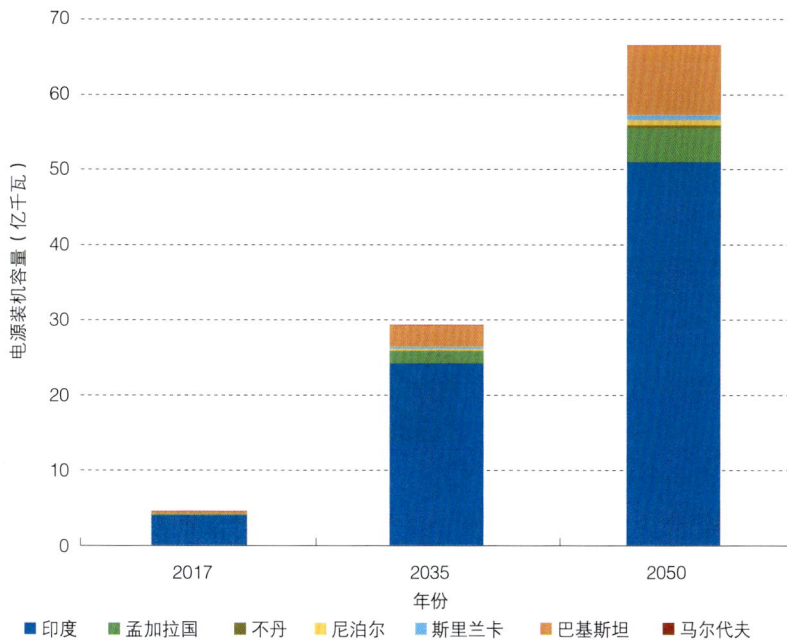

图 6-7　实现 1.5 摄氏度温控目标的南亚各国电源装机展望

6.2.4　电网互联

进一步加强大型清洁能源基地送出通道，扩大印度、巴基斯坦太阳能、尼泊尔水电等大型清洁能源基地开发外送。加强跨区跨国互联规模，预计到 2050 年跨区跨国电力流规模达到 1.1 亿千瓦。南亚区域内加强国家间和各国内交流电网建设，提升清洁能源送出和消纳能力。实现 1.5 摄氏度温控目标的南亚电力流如图 6-8 所示。

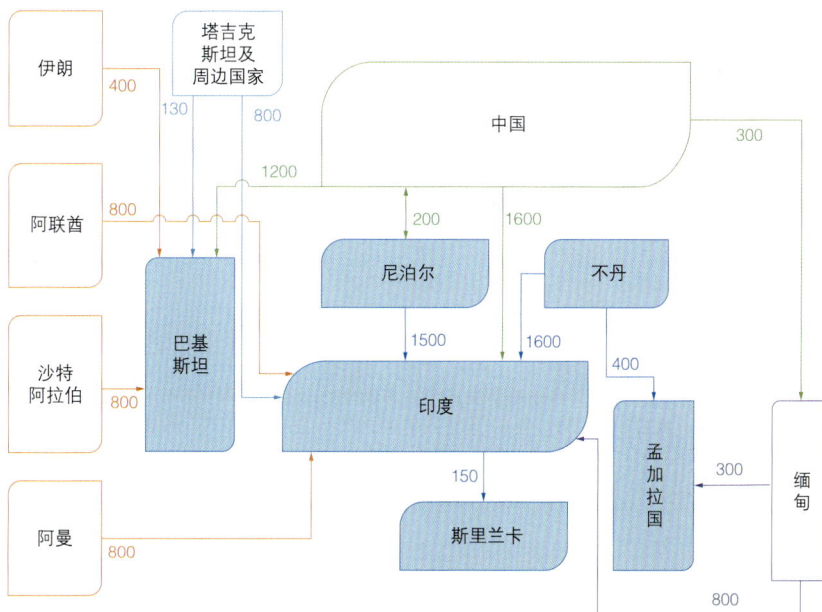

图 6-8　实现 1.5 摄氏度温控目标的南亚电力流示意图（单位：万千瓦）

预计到 2050 年，南亚电网保持"一横三纵"跨区跨国电力互联通道，充分利用区内区外两种资源满足负荷中心电力需求。"一横"通道覆盖印度北部及孟加拉国，向西连接西亚，向东连接东南亚、中国；"三纵"通道包括由巴基斯坦向北连接中国新疆的北纵通道、孟加拉国—印度东部—印度南部的东纵通道、印度西部至南部的西纵通道。

6.2.5 比较分析

实现《巴黎协定》全球 1.5 摄氏度温控目标可显著降低气候变化风险，对人类和生态系统产生更大效益，同时也对世界各国能源低碳转型和高比例清洁能源系统构建提出了更高要求。南亚需要充分利用经济结构升级、人口红利、清洁能源资源三大优势，推动供应侧高比例清洁替代、消费侧深度电能替代和采用先进成熟的新技术。进一步加快能源转型，压减化石能源消费，预计到 2050 年实现构建零碳能源系统，助力实现 1.5 摄氏度温控目标。

着眼于助力实现全球 1.5 摄氏度温控目标，南亚需要加速推动能源电力清洁低碳转型发展。与助力实现全球 2 摄氏度温控目标相比，预计到 2050 年化石能源需求减少 56%；提升清洁能源开发比例，清洁能源电源装机增加 32%；加快电能替代，电能占终端能源比重提升约 11 个百分点；加强电网互联互通，提升资源配置能力，增加跨区跨国电力流规模约 800 万千瓦；加大投资力度，清洁能源开发和电网建设投资累计增加 20%。2 摄氏度和 1.5 摄氏度情景下南亚能源电力分析如图 6-9 所示。

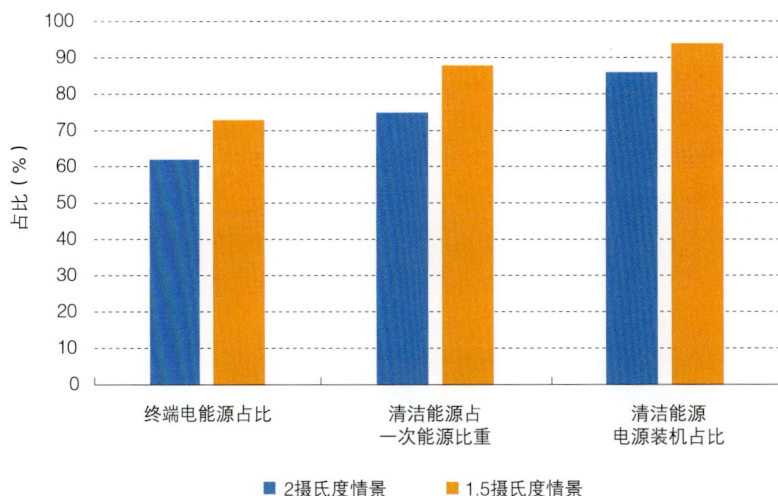

图 6-9　2 摄氏度和 1.5 摄氏度情景下南亚能源电力分析

Chapter **7**

政策机制

南亚能源互联网对推动地区合作和清洁能源发展至关重要。各国需要共同行动，加强对话合作，推动能源战略规划协同、政策机制创新、跨国电力贸易等，为南亚能源互联网建设提供多层次、全方位保障。

完善能源结构政策框架，满足发展需求。进一步优化能源结构，提高可再生能源占比，支持能源系统低碳转型，推进区域能源治理体系和治理能力现代化，激发能源领域的活力、创造力，促进能源系统可持续发展。以强化能源关系、改善能源结构为抓手，完善相关投融资体系和信用体系建设，为南亚各国在能源贸易、能源投资、过境运输、能源环境及能源供应安全等领域的合作发展提供政策机制保障。

完善清洁能源开发配套税收减免政策。发展清洁能源是实施清洁替代、保障能源可持续供应的前提。由于当前清洁能源开发仍具有很强的外部性，其技术研发、技术改造和项目建设的投资收益往往小于社会收益，需要政府通过建立促进清洁能源发展的优惠税收促进机制，为清洁能源技术的开发与利用营造良好的创新氛围，逐步推进绿色低碳、节能环保等相关清洁产业发展，构建以清洁能源为主导的现代能源系统。

提高地区电气化水平，提升现代化发展基础，缩小贫富差距。通过电网互联、智能电网建设，不断提高区域电气化水平，完善医疗、卫生、教育等现代服务体系，减少无电人口。统筹考虑地区能源资源与需求，加强基础设施互联互通建设和国际产能合作，实现优势互补，缩小贫富差距，促进经济社会实现清洁可持续发展。

加大特高压、电动汽车等新型基建产业的政策扶持力度。通过税收减免、资金补贴、优惠贷款、技术研发等扶持政策，推进特高压、电动汽车等基础设施建设，充分拉动各行业尤其是制造业的加速发展，发挥产业链带动作用，支持上下游企业发展，促进经济持续稳定增长。

推动区域能源合作及电力市场机制。探索达成政府间能源合作框架协议，建立能源合作协调机制。以自由、公平、无歧视的电力贸易为基本原则，建立跨国电力贸易机制。统筹区域各国电力体制和市场组织形式，与各市场参与方充分沟通，包括税收、交易组织、输电费用、阻塞管理、纠纷调解等多个方面，实现南亚电力交易高效协同和资源高效配置。提倡电力商品在区域自由交易、自由流通，推动各国在税费等方面建立协调机制，推进跨国双边、多边长期合同交易。条件具备时，进一步建设区域电力市场，建立区域电力交易中心，并形成相关管理机制。加快重点跨国联网工程建设，根据南亚能源互联网总体规划，统筹部署，因地制宜，分步骤、分阶段推进实施，为实现南亚电力市场提供物理基础。

参 考 文 献

［1］ 刘振亚. 全球能源互联网［M］. 北京：中国电力出版社，2015.

［2］ 刘振亚. 特高压交直流电网［M］. 北京：中国电力出版社，2013.

［3］ 全球能源互联网发展合作组织. 亚洲能源互联网发展与展望［M］. 北京：中国电力出版社，2019.

［4］ 中国社会科学院世界经济与政治研究所. 世界经济黄皮书：2018 年世界经济形势分析与预测［M］. 北京：社会科学文献出版社，2018.

［5］ 刘冬. 南亚主要国家经济走势及投资风险［J］. 中国外资，2018，12：42-44.

［6］ SAARC. Energy Outlook 2030, 2017.

［7］ 国际能源署. 化石能源燃烧 CO_2 排放［R］，2019.

［8］ 联合国环境规划署. 全球环境展望 6—南亚区域报告［R］，2016.

［9］ 国际能源署. 全球能源展望报告［R］，2019.

［10］国际能源署. 全球能源平衡［R］，2018.

［11］Victor K, Ruslan G, Alexander O. Energy sector of India: Current status and scenarios for the future. Energy Policy, 2011, 39(11): 6760-6780.

［12］Renewable Energy Institute. Asia International Grid Connection Study Group Interim Report. 2017.

［13］SAARC. Harmonizing Transmission Grid Codes of SAARC Member States to Combat Regulatory Challenges for Intra－region Power Trading / Interconnections. 2015.

［14］Energy Charter. Gobitec and Asian Super Grid for Renewable Energies in Northeast Asia. 2014.

［15］Otsuki T, Isa A B M, Samuelson R D. Electric power grid interconnections in Northeast Asia: A quantitative analysis of opportunities and challenges. Energy policy, 2016, 89: 311-329.

［16］ADB. Energy Trade in South Asia. 2017.

［17］Department of Statistics, S. L. Sri Lanka National Account Annual Report. 2017.

［18］India Gov. Ministry Of Petroleum Resources Development Annual Performance Report 2017. 2017.

［19］IRENA. Renewable Energy Roadmap: The Republic Of Maldives. 2015.

［20］Khan, M. I.. Pakistan Energy Sector and prospects for business 2016: Deutsche Gesellschaft für Internationale Zusammenarbeit GmbH. 2017.

［21］Lanka, P. U.. Decision on Revenue Caps and Bulk Supply Tariffs 2016-2020. 2016.

［22］Sultan Hafeez Rahman, P. D.. Energy Trade In South Asia Opportunities And Challenges. 2015.

[23] Usama Perwez, A.S.. The long-term forecast of Pakistan's electricity supply and demand: An application of long range energy alternatives planning. 2017.

[24] Oseni, M. O. and M. G. Pollitt. The promotion of regional integration of electricity markets: Lessons for developing countryies. 2016.

[25] Ministry of External Affairs of India. IndiaBangladesh Joint Statement. 2017.

[26] Rivas, S. . Developing the Regional Electricity Market (REM) of the Electrical Interconnection System of the Countries of South Asia. 2019.

[27] Wittenstein, M. J., N. Scott and M. R. Miza. Electricity Security Across Borders: Case Studies on Cross-Border Electricity Security in India. 2016.

图书在版编目（CIP）数据

南亚能源互联网研究与展望 / 全球能源互联网发展合作组织著 . —北京：中国电力出版社，2021.8
ISBN 978-7-5198-5789-9

Ⅰ . ①南… Ⅱ . ①全… Ⅲ . ①互联网络－应用－能源发展－研究－南亚 Ⅳ . ①F435.062

中国版本图书馆 CIP 数据核字（2021）第 138637 号

审图号：GS（2021）2904 号

出版发行：中国电力出版社
地　　址：北京市东城区北京站西街 19 号（邮政编码 100005）
网　　址：http://www.cepp.sgcc.com.cn
责任编辑：孙世通（010-63412326）　郑晓萌
责任校对：黄　蓓　常燕昆
装帧设计：张俊霞
责任印制：钱兴根

印　　刷：北京瑞禾彩色印刷有限公司
版　　次：2021 年 8 月第一版
印　　次：2021 年 8 月北京第一次印刷
开　　本：889 毫米 ×1194 毫米　16 开本
印　　张：6.25
字　　数：130 千字
定　　价：130.00 元